HISTOIRE

DE

L'UNIVERSITÉ DE TOULOUSE

DEUXIÈME FRAGMENT;

Par M. GATIEN-ARNOULT.

TOULOUSE

IMPRIMERIE DOULADOURE

39, Rue Saint-Rome, 39

1878

Extrait des Mémoires de l'Académie des Sciences, Inscriptions et
Belles-Lettres de Toulouse.

7me SÉRIE, TOME X.

HISTOIRE

DE L'UNIVERSITÉ DE TOULOUSE

2ᵐᵉ FRAGMENT;

Par M. GATIEN-ARNOULT.

(Le volume des Mémoires de l'Académie pour l'année 1877 contient un fragment de l'*Histoire de l'université de Toulouse*, qui en représente le premier livre dans le plan que j'ai adopté, au moins provisoirement. Le fragment qu'on va lire en représente le livre deuxième. Il fait suite au précédent. En conséquence, il reprend les faits à l'année 1239, époque à laquelle Raymond VII cessa d'être obligé à salarier les quatorze maîtres composant la nouvelle Université fondée en 1229 : il les conduit jusqu'à l'année 1271, époque à laquelle la comtesse Jeanne, fille de Raymond VII, et son époux le comte Alphonse, frère de Louis IX, étant morts sans postérité, le comté de Toulouse fut annexé à la Couronne, conformément au traité de Paris. — Ce livre est divisé en quatre chapitres. G. A.)

1

CHAPITRE PREMIER.

Cessation du salariat public des maîtres de l'Université : comment il fut remplacé. — Suite des études. — Dernière mention de Loup l'Espagnol, maître régent en médecine. — Guillaume Arnauld, maître en théologie. — Ecole de théologie des Carmes. — Lettres du pape Innocent IV concernant l'Université : 1re aux Maîtres et aux Ecoliers de Toulouse ; 2e à l'Evêque de Toulouse ; 3e et 4e au Comte, aux Consuls et au peuple de Toulouse. — Années 1239 à 1245.

L'Université de Toulouse, telle qu'on l'avait fondée par le traité de Paris, était essentiellement provisoire : car on n'avait imposé à Raymond VII que l'obligation d'en salarier les Maîtres pendant dix années, de 1229 à 1239.

On ne peut pas supposer qu'au bout de ce temps, le Comte, qui s'était montré si peu exact à tenir ses engagements quand on avait le droit et la force de l'y contraindre, se soit volontairement imposé un sacrifice qu'on n'avait plus à lui demander. Quelle qu'ait été la versalitité bien constatée de ce prince, elle ne put pas aller jusque-là.

Nous savons d'ailleurs que, pendant les dix années qu'il vécut encore, loin de vouloir faire de nouvelles concessions, il céda souvent à la tentation d'essayer de reprendre ce qui lui avait été enlevé (1).

Nous savons aussi qu'il continua d'être fréquemment en lutte avec les Inquisiteurs dont le zèle devint d'autant plus ardent qu'on l'avait plus comprimé : il fut même soupçonné et accusé de se faire le complice de leurs ennemis et de leurs assassins. L'accord entre ces Inquisiteurs et les Maîtres en théologie, qui étaient eux-mêmes souvent chargés de l'Inquisition des hérétiques, put le rendre peu favorable à toute l'Université.

Il s'abstint donc naturellement de payer plus longtemps le tribut scolaire auquel les vainqueurs l'avaient condamné.

(1) Catel, *Histoire des Comtes de Toulouse* p. 361-2.

Nous ne connaissons aucun document qui apprenne positivement de quelle manière, à cette époque, on y suppléa, « afin » d'assurer aux Maîtres le salaire dont ils avaient besoin, sui- » vant les propres paroles du Pape, pour se livrer en toute » liberté aux travaux de l'étude et de l'enseignement. » Nous en sommes réduits à des conjectures dont quelques-unes ne se réalisèrent peut-être que plus tard.

Ainsi, premièrement, les ordres monastiques, qui étaient alors établis à Toulouse, purent fournir des Maîtres qu'on n'avait pas besoin de salarier; car ils continuaient de vivre dans leurs couvents où ils *lisaient*, non-seulement pour les frères et pour les novices, mais encore pour les séculiers qui voulaient *écouter* leurs leçons et s'attacher à eux comme éco-liers ou étudiants, *scolares seu studentes*, aspirants aux grades, tels qu'ils existaient dès ce temps (2). Les deux principaux couvents déjà florissants à cette époque étaient ceux des Frères Prêcheurs et des Frères Mineurs. Les premiers avaient certainement donné des maîtres en théologie, *magistri actu legentes in theologiâ*, pendant toute la période de 1229 à 1239 : ils continuèrent après. Les seconds avaient été agrégés à l'Université en 1233 : ils continuèrent de l'être. Après eux venaient les Carmes et les Augustiniens, qui avaient encore leurs maisons hors de la ville, mais qui ne tardèrent pas à se transporter dans l'intérieur, et qui furent aussi agrégés à l'Université, les uns après les autres (3).

(2) ... *Quorum domus Academiæ sunt, non solum pro suis fratribus domesticis graduandis, sed etiam pro externis sæcularibus quibuscumque.* Percin, *Monumenta*, t. 2. *Opusculum de Academiâ*, p. 152.

Les Frères mineurs étaient même établis à Toulouse dès le temps de Raymond VI : ils y avaient une école dont un maître fut Oton, à qui ce même comte Raymond envoya des livres de théologie. Percin, id. *Appendix de Raymundo*, p. 79, col. 1. note *y*. — p. 82. — p. 77, col. 2. note *b*. — p. 84.

(3) Les Carmes, qui habitèrent d'abord auprès de la chapelle dite de Notre-Dame du Feretra (dont il y a encore quelques ruines au-delà de la barrière Saint-Michel, près du Calvaire), commencèrent, en 1242, à se construire un couvent à l'endroit qui est devenu la Place des Carmes; ils furent agrégés à l'Université en 1252.

Les Augustiniens, qui habitèrent d'abord auprès des fossés même de la ville, au quartier Matebiou (*Matabiau*), commencèrent, en 1340, à s'établir au lieu où se

Secondement, il est permis d'admetttre qu'en ce moment on se conforma plus exactement à la lettre et surtout à l'esprit des canons du troisième et du quatrième concile de Latran, qui ordonnaient de prendre sur les revenus des églises la somme nécessaire pour entretenir des Maîtres chargés d'enseigner gratuitement, outre la théologie, la grammaire et les autres arts (4). L'église métropolitaine de Saint-Etienne, l'église collégiale de Saint-Saturnin et celle de Notre-Dame de la Daurade

trouve encore une partie de leur ancien couvent transformé en Musée et en Ecole des beaux arts et des sciences industrielles. On ne dit pas à quelle époque ils furent agrégés à l'Université.

Les frères de ces quatre ordres mendiants, Prêcheurs, Mineurs, Carmes, Augustiniens, fournirent seuls des maîtres en théologie dans les premiers temps de l'Université. *Quatuor mendicantium fratres, Prædicatorum, Minorum, Carmelitarum et Augustiniensium, soli in theologiâ regentes erant doctores ab illo tempore nascentis Academiæ.* Percin, id. *de Acad.*, p. 152 et 160. Il en fut de même à l'Université de Montpellier : la Faculté de théologie y appartenait si bien aux quatre ordres mendiants qu'elle en prenait le nom; *Sacræ theologiæ facultas quatuor ordinum mendicantium : Theologia quatuor ordinum mendicantium.* Savigny, *Histoire du droit*, t, 4, p. 27. Il en était autrement à Paris, où l'Université refusait au contraire d'admettre ces moines mendiants en son sein.

(4) Au 3me Concile de Latran, sous Alexandre III, en 1179, on décida que, dans chaque église cathédrale, il y aurait un maître chargé d'enseigner gratis, et qu'on lui donnerait un bénéfice convenable.

Per unamquamque ecclesiam cathedralem magistro, qui clericos ejusdem ecclesiæ et scholares pauperes gratis doceat, competens aliquod beneficium assignetur, quo docentis necessitas sublevetur et discentibus via pateat ad doctrinam (ch. 18).

Au 4me Concile de Latran, sous Innocent III, en 1215, on rappela cette décision et on ajouta :

Verum quoniam in multis ecclesiis id maxime observatur, nos prædictum roborantes statutum adjicimus ut non solum in qualibet cathedrali ecclesia sed etiam in aliis, quarum sufficere possunt facultates, constituatur Magister idoneus a Prælato cum Capitulo, seu majori ac saniori parte Capituli eligendus, qui clericos ecclesiarum ipsarum et aliarum gratis in grammaticæ facultate et aliis instruat juxta posse.

Sane metropolitana ecclesia theologum nihilominus habeat, qui sacerdotes et alios in sacra pagina doceat, et in his præsertim informet quæ ad curam animarum spectare noscuntur.

Assignetur autem cuilibet Magistrorum a Capitulo unius Præbendæ proventus, et a Metropolitano tantumdem; non quod per hoc efficiatur Canonicus; sed tandiu redditus ipsos percipiat quumdiu perstiterit in docendo.

Quod si forte de duobus Metropolitana ecclesia gravetur, theologo juxta modum prædictum ipsa provideat; grammatistæ vero in alia ecclesia suæ civitatis sive diæcesis quod sufficere valeat faciat provideiri.

Suivant Catel, *Mémoires*, p. 230, il y avait de telles fondations à l'église métropo-

paraissaient avoir donné cette destination à quelque partie de leurs revenus. Il put en être de même d'autres églises, suivant les besoins du service.

Troisièmement, des Maîtres furent pris parmi les clercs qui jouissaient de quelques bénéfices, en quelque lieu que ce fût : et ils furent, plus que jamais, autorisés à toucher les revenus de ces bénéfices aussi longtemps qu'ils résideraient à Toulouse pour y lire dans l'Université.

Enfin, quelques auteurs pensent que les Maîtres en droit purent percevoir sur leurs écoliers des rétributions suffisantes pour leur donner de quoi s'entretenir honorablement. Il est permis de faire la même conjecture sur d'autres (5).

Quoi qu'il en soit, il est certain que les Maîtres ne firent défaut à Toulouse dans aucune Faculté : l'Université jusqu'alors provisoire devint définitive.

L'histoire ne nous en dit pourtant que quelques mots dont la rareté fait presque tout le prix, et qu'il faut citer, parce qu'ils servent de jalons indicateurs dans la suite des temps.

Une pièce authentique nous apprend qu'en 1242, le comte Raymond VII étant malade au château de Penn en Agenois, on manda auprès de lui, entre autres personnes, LOUP l'*Espagnol*, qui était son médecin et Maître régent à l'Université (6). Il

politaine, à l'église collégiale de Saint-Saturnin, et au monastère de saint Benoît, à la Daurade. Peut-être, au milieu de la guerre des Albigeois, ces revenus n'avaient-ils pas pu être assurés, *forte necessaria deerant stipendià docentibus*. Percin, *id.*, et après la pacification, en 1239, on put les retrouver.

(5) Catel, *Mémoires*, p. 231. « Le dict traité (de 1229) ne donne point aucune commodité aux professeurs après les 10 ans expirés. Ce qui me faict penser que les professeurs n'eurent jadis aucuns gages du public ; mais seulement qu'ils avaient quelque droict sur les escoliers, estudians en Droict canon et civil, qui estoient anciennement en si grand nombre que, quand ils n'eussent donné que fort peu à leurs docteurs, ils avoient de quoy s'entretenir honorablement avec les commodités qu'ils retiroient des degrés.» Ce que Catel dit des estudians en droict peut être entendu des estudiants ès arts et en médecine.

Dans un statut de la Faculté des arts à l'Université de Paris en 1259, il est mention de droits pécuniaires que payaient ceux qu'elle admettait au baccalauréat et à la maîtrise. Crevier I, p. 483. Il put en être de même à l'Université de Toulouse.

(6) ... *Præfectus officialis diligenter requisivit... magistrum Lupum Ispanium, regentem apud Tolosam in medicina.* (Voir l'acte entier dans l'*Histoire de Languedoc*, liv. XXV, § 54. Preuves, n° 29.)

continuait donc d'y enseigner la médecine comme en 1239.
C'est tout ce que nous savons de lui.

En cette même année 1242, eut lieu, non loin de Toulouse,
à Avignonet, le massacre des inquisiteurs, au nombre desquels
se trouvait le frère GUILLAUME ARNAUD, dominicain, professeur
de théologie. Les historiens qui parlent beaucoup de ce qu'il fit
comme inquisiteur ne nous disent rien de son professorat. Ils
affirment seulement qu'outre la science théologique, il possédait celle du Droit canon.

Dans cette année encore, les frères du Mont-Carmel ou Carmes commencèrent à se bâtir un couvent dans l'intérieur de
la ville, sur l'emplacement des maisons qui furent achetées par
eux à des Juifs, dans la rue qui portait et qui porte encore le
nom de *Joutz-Aygues*. Une pièce authentique nous apprend
« que ce lieu fut choisi, au milieu des Juifs, dans l'intention
» spéciale d'exalter, d'honorer et de louer la Bienheureuse
» Vierge Marie, Mère du Sauveur, Notre Seigneur Jésus-Christ,
» dans l'endroit même où, depuis longtemps, elle était blasphé-
» mée par les Juifs perfides, et avec la ferme résolution de
» défendre et de démontrer les vérités de la religion chrétienne
» contre les erreurs de ces Juifs, d'affermir les orthodoxes dans
» leur foi et de mettre leurs ennemis en fuite (8). » On dut en
conséquence ne pas tarder à y ouvrir une école de théologie.

On peut croire que les Carmes y mirent d'autant plus d'em-
pressement que, dans une lettre au Roi, datée du mois de mai
1244, le pape Innocent IV se plaignait des Juifs qui propa-

---

(8) Extrait d'un certificat par lequel est indiqué le sujet pourquoi l'on transféra les
Carmes dans l'endroit indiqué.

... *Innotescat quod nuper Religiosi viri Fratres ordinis sanctæ Mariæ Montis
Carmeli... suum habitaculum et oratorium transtulerint ad domum videlicet sitam
in medio judæorum, ducti ad hoc specialiter pro concepto firmoque proposito ut per
eos beatissima Virgo Maria salvatoris Domini nostri Jesu-Christi mater... in eo loco
laudabiliter exaltaretur, honoraretur et laudaretur devote in quo fuerat per judæos
perfidos longo tempore blasphemata... et ad exaltandos fidei christianæ professores
christianorumque fidelium hostes removendos et ad viros orthodoxos in fide et reli-
gione et sanctimonia confirmandos, et ad ritum judaicum confutandum.* (Voir l'acte
entier dans Catel, *Mémoires de l'Histoire de Languedoc*, p. 238.)

geaient les doctrines de leur Thalmuth, « un gros livre, beau-
» coup plus volumineux que la Bible, plein de blasphèmes
» contre Dieu, le Christ et la Bienheureuse Vierge, tout farci
» de fables incroyables, d'erreurs abusives et de sottises
» inouïes. » Il félicitait les docteurs régents en théologie de
l'Université de Paris d'avoir combattu les doctrines de ce livre
et d'avoir fait brûler ce livre lui-même avec d'autres semblables, autant qu'on avait pu en trouver. Et il priait le Roi d'or-
donner qu'on en fît autant dans tout le royaume (9). Les Carmes,
à Toulouse, entraient ainsi dans l'esprit de cette lettre et dans
les intentions du Pape que le Roi put faire connaître partout,
ainsi qu'il en était prié.

. Une autre lettre du même Pape, datée du mois d'octobre
1245, et adressée de Lyon à ses Chers Fils les Maîtres et les
Écoliers de l'Université de Toulouse, trace de cette Université
le tableau suivant. Nous traduisons textuellement (10).

« Dans la cité toulousaine est une fontaine ouverte à la famille
» de David, une veine de vie et une science salutaire. Vers ces
» eaux accourent en foule des hommes altérés, qui boivent
» avec joie à cette fontaine du Sauveur. Les chameaux bossus

(9) Passages de la lettre du pape Innocent IV au roi Louis IX.

« ... *Impia judæorum perfidia... committit enormia quæ stupori audientibus et
referentibus sunt horrori... In traditionibus quæ Thalmuth hebraice nuncupantur,
et magnus liber est apud eos excedens textum Bibliæ in immensum, in quo sunt
blasphemia in Deum et Christum ejus ac Beatam Virginem, manifeste intractabiles
fabulæ, abusiones erroneæ ac stultitiæ inauditæ, filios suos docent et nutriunt...
Propter quæ fidelibus est verendum ne divinam indignationem incurrant dum eos
perpetrare patiantur indigne quæ fidei nostræ confusionem indicunt. Et licet dilectus
filius cancellarius parisiensis et rectores ac regentes parisius in sacra pagina, de man-
dato felicis recordationis Gregorii papæ prædecessoris nostri, tam prædictum
abusionum librum quam alios quosdam cum omnibus glossis suis perlectos... ac
examinatos ad confusionem perfidiæ judæorum... concremarint,... quibus tu tam-
quam catholicus rex et princeps christianissimus impendisti super hoc auxilium et
favorem... Quia tamen nondum judæorum ipsorum abusio profana quievit,...
Celsitudinem regiam attente rogamus, monemus et obsecramus in Domino Jesu
Christo... quatenus excessus hujus modi detestabiles et enormes.... laudabiliter prose-
quendo facias debita severitate coerceri... per totum regnum tuum. Datum Laterani,
7 id. maii, Pontificatus nostri, anno 1.* »
(Voir la lettre entière dans du Boulay, t. III, p. 191.)

(10) Voir le texte dans l'*Hist. de Lang.* Preuves du liv. xxv, n° 58.

» de Rachel, c'est-à-dire les pécheurs qui portent la lourde
» bosse de leurs péchés, se réconfortent et se rétablissent par
» cette boisson : elle les remet de leurs fatigues et les empêche
» de succomber en route. Ceux qui, à cause des ténèbres de
» leur ignorance, se fatiguent continuellement à errer dans la
» nuit, sans pouvoir trouver autre chose que ce qui est vain
» et passager, dès qu'ils viennent à ce fleuve de l'enseignement
» théologique, voient la lumière : ils la voient dans la lumière
» de Celui qui est le Père des lumières et de qui tout don excel-
» lent et toute donation parfaite émanent et descendent en
» abondance. Là, ceux qui tettent encore se suspendent aux
» mamelles de leur mère. Là, on rompt le pain de l'Ecriture
» pour les petits enfants. Là, Pierre conduit dans la haute mer
» ceux dont les sens sont plus exercés et il y jette les filets pour
» eux. Quiconque cherche la science avec un cœur pur la trouve
» là tout entière. Car la Théologie appelle comme autant de
» serviteurs tous les Arts libéraux qui lui obéissent pour
» construire les murailles de la Cité supérieure : et l'étude de
» ces arts fleurit aussi dans la Cité toulousaine, où ils sont
» comme les portiers de la Théologie, ceux qui ouvrent la porte
» de la Vraie Sapience et qui conduisent vers elle avec plus de
» promptitude et comme par un chemin raccourci tous ceux
» qui mettent du zèle à s'en instruire. »

On peut trouver que ces phrases sentent un peu la mau-
vaise rhétorique et que ces métaphores sont d'un goût douteux.
Elles n'en portent pas moins le témoignage certain que l'Université de Toulouse était alors assez florissante, et qu'outre la
théologie considérée comme la science maîtresse, on y enseignait
toutes les autres sciences dites *arts libéraux* qui en étaient les
introducteurs et les serviteurs ; *ostiariæ et ancillæ theologiæ.*

Par une autre lettre du même Pape et presque du même
jour, nous apprenons que, parmi les Ecoliers qui venaient
entendre les Maîtres de Toulouse, beaucoup étaient pauvres.
C'est pourquoi il les recommande à son vénérable frère l'Evêque
(qui était alors Raymond de Falguar). Il lui rappelle le devoir
pieux, imposé à tout fidèle, de secourir le Christ en la personne

des pauvres, et de lui donner en eux un endroit où reposer sa tête. « Veillez donc, lui dit-il, sur les écoliers pauvres qui, » poussés par le désir de s'instruire, viennent loin de leur » pays se livrer à Toulouse aux veilles et aux travaux scolasti- » ques. Prenez les mesures nécessaires pour qu'ils trouvent un » logement et un traitement charitable dans les hospices qui » sont construits hors des murs de la ville, pour les nécessités » des indigents (11). Car ceux qui ne font pas ainsi doivent » craindre qu'au jour du jugement le Christ leur dise : *Je ne* » *vous connais pas, vous qui ne m'avez pas connu dans les pau-* » *vres.* » Il termine en l'autorisant à frapper de censure ecclé- siastique, nonobstant appel, ceux qui refuseraient de recevoir ces pauvres écoliers dans une hôtellerie de compassion (*hospi- tium misericordiæ*) (12).

Peut-être faut-il conclure de cette dernière phrase que ces pauvres écoliers ne trouvaient pas toujours ni partout des dis- positions favorables, ni un accueil bieveillant.

Le même Pape, au même jour, recommandait aussi tous ces Ecoliers, leurs camarades et leurs Maîtres à ses Chers Fils, le noble homme Comte de Toulouse, les Consuls et tout le peuple

(11) Le quartier dit de Saint-Pierre était à cette époque hors des murs de la ville. Les hospices y étaient alors très-nombreux , ainsi que les cuisines où l'on préparait la nourriture des hôtes. D'où vient, dit-on , le nom de Saint-Pierre *des Cuisines*, donné à l'église construite dans ce quartier, à l'endroit où sont maintenant l'Ecole d'artillerie et l'église qui est dite encore de Saint-Pierre.

Sanctus Petrus Coquinarum. *Hoc nomen indictum est a multitudine hospitiorum quæ plurima erant tunc temporis in suburbio ; nondum ampliatâ urbe , in quibus* coquebantur *necessaria ad victum pro hospitibus.* Percin , t. II , *Appendix inquisit. de Raym.*, p. 81.

Voici une autre explication donnée par M. Baudouin, dans sa *Note sur l'enceinte primitive de Toulouse*, insérée dans les Mémoires de l'Académie des sciences, ins- criptions et belles-lettres, année 1875 , pag. 156-168. « Le quartier de Saint-Pierre » était situé au bord de la Garonne, sur un terrain très-propre à la fabrication de la » brique. Antérieurement aux temps mérovingiens, on y avait établi des tuileries. » Du temps de Catel , il s'y trouvait encore une rue appelée *dels Fournels*. Ces four- » nels ou fours à cuire la brique s'appelaient *coquinæ* dans la basse latinité. » De là le nom de *Sanctus Petrus Coquinarum* ou de *Coquinis*. Soit : mais cela n'empêche pas l'existence de nombreux *hospitia* dans ce quartier.

(12) Voir la lettre dans l'*Hist. de Lang.* Preuves du, l. xxv, n° 58.

de la ville. Dans la lettre qu'il leur écrit, il insiste sur la bienveillance que méritent ceux qui usent leur corps dans les veilles
et les travaux nécessaires pour trouver le trésor de science
enfoui dans le champ scholastique. Il les représente comme un
troupeau tout petit et très-faible, ayant besoin d'être défendu
par un mur contre les attaques de ceux qui veulent les oppri-
mer. « Ce mur, dit-il, les Maîtres et les Ecoliers de Toulouse le
» trouvent dans les priviléges dont ils ont été gratifiés par une
» faveur spéciale du Siége apostolique. C'est pourquoi nous
» vous prions, nous vous avertissons et nous vous mandons,
» par ce rescrit apostolique, de respecter humblement et sans
» hésitation tous ces priviléges et d'empêcher qu'ils soient im-
» punément violés par qui que ce soit (13) »

Peut-être faut-il encore conclure de là que ni le Comte, ni
les Consuls, ni le peuple de Toulouse ne s'abstenaient d'agir à
l'occasion contre ce que l'Université considérait comme ses pré-
rogatives inviolables qu'elle tenait de la concession et de
l'octroi du Pape.

Cependant, le même Pape, dans une autre lettre écrite le
même jour à ces mêmes Chers Fils, le Comte, les Consuls et le
peuple de Toulouse, paraît dire jusqu'à un certain point le
contraire. Car il les félicite tous et il les remercie d'avoir
favorisé de tout leur pouvoir l'établissement d'un *Studium* dans
leur ville, et de s'être montrés bienveillants envers les Maîtres
et les Ecoliers. Il les exhorte dans le Seigneur à garder toujours
ces bonnes dispositions et à continuer avec un soin vigilant
l'œuvre si bien commencée. « Faites tous vos efforts, leur dit-
» il, pour accroître indéfiniment la prospérité d'une institution
» qui enrichit de dons admirables ses possesseurs, qui sert à
» régir et à gouverner le genre humain et qui doit profiter à
» des peuples innombrables (14). »

Mais il n'y avait peut-être là qu'un artifice oratoire de per-
suasion par éloge immérité. D'ailleurs tout peut se concilier.
Rien n'empêche que les mêmes aient aimé l'Université en com-

(13) V. la lettre dans l'*Hist. de Lang. id.*, *id.*
(14) V. la lettre, *id.*, *id.*

battant les Universitaires, et qu'ils aient été, suivant les circonstances, pour ou contre eux.

Enfin, une bulle du même pape Innocent IV, datée de
quelques jours seulement avant ces lettres, et adressée aussi
au Comte, aux Consuls et au peuple de Toulouse, défendait
qu'en temps de cherté des vivres, on les exportât de la ville
par le fleuve : « De peur, disait-il, que la disette n'eût pour
» conséquence la dissolution du *Studium*, que l'on s'accordait à
» reconnaître comme un établissement faisant honneur à la cité
» et lui étant utile. » *Ne per ipsorum (sc. victualium) defectum
quod absit!* STUDIUM *quod ad honorem et utilitatem ejusdem civitatis (sc. tolosanæ) ibidem plantatum dinoscitur , dissolvi con-
tingat* (15).

La même conclusion sort toujours de toutes ces pièces : c'est
que, dans ces années (de 1239 à 1245), l'Université continua
d'exister et qu'elle fut même assez florissante.

CHAPITRE SECOND.

Bulle du pape Innocent IV, confirmant l'Université de Toulouse.

An 1245.

Les phrases de la lettre du Pape aux Maîtres et aux Ecoliers
de l'Université de Toulouse, que nous avons citées (dans le
chapitre précédent, p. 7), n'en sont que le commencement.
La lettre elle-même est très-importante pour notre histoire et
mérite qu'on s'y arrête.

Innocent IV y rappelle que Grégoire IX, son prédécesseur
d'heureuse mémoire, avait décidé que les Statuts, précédemment donnés par lui à l'Université de Paris, étaient applicables

(15) La bulle entière, très-courte, est dans le livre des Statuts de l'Université,
datée du 11 septembre 1245.

à celle de Toulouse (1). Il déclare avoir la même volonté, afin que « cette plantation si bien réussie du siége apostolique en » reçoive une nouvelle force ; » et pour plus de précision, il reproduit textuellement la Bulle de Grégoire IX, en remplaçant seulement le nom de Paris par celui de Toulouse.

Les articles de cette Bulle ne sont pas sans quelque confusion ; mais il est facile de les ranger avec plus d'ordre sous divers titres, de cette manière.

I. *De la Licence ou permission d'enseigner.* — Le Chancelier a seul le droit d'accorder la permission d'enseigner, dite *licence*. Celui qui veut avoir cette permission ou être *licencié* doit lui en adresser sa pétition. Dans l'intervalle de trois mois à partir du jour de cette pétition, le Chancelier doit consulter les Maîtres et autres hommes honorables et lettrés, capables de le bien renseigner sur la vie, la science et le talent de parole du pétitionnaire, sur sa capacité actuelle, sur les espérances qu'il donne pour l'avenir et le reste. Au bout des trois mois et l'enquête étant terminée, le Chancelier doit décider, suivant sa conscience, accordant ou refusant la Licence demandée, sans avoir égard à la personne ni à la nation du pétitionnaire, mais en considérant seulement ce qui est juste et utile, convenable au temps et au lieu, dans l'intérêt de la Cité et pour l'honneur et la dignité des Facultés (2).

(1) Bulle pour l'Université de Toulouse, en 1233. — Bulle pour l'Université de Paris, en 1231. — Voir le texte de la Bulle pour l'Université de Toulouse, en 1245, dans l'*Hist. de Lang.*, l. xxv, *Preuves*, no 58.

(2) Un document postérieur d'une dizaine d'années nous apprend qu'outre l'enquête, il y avait un examen oral subi par les candidats. Ce document est un sermon de Robert de Sorbon à ses écoliers, dans lequel il établit une comparaison entre l'examen qu'on doit faire de sa conscience et qu'on subira devant Dieu pour être admis en Paradis, avec celui qu'on subit devant le Chancelier pour obtenir la Licence d'enseigner. Cette comparaison conduit aux conclusions suivantes.

1. Celui qui voulait être *licencié* allait trouver le Chancelier qui lui indiquait le livre sur lequel il serait examiné.

2. Le candidat étudiait ce livre et s'en fesait expliquer les endroits difficiles par ses camarades ou par ses professeurs.

3. Quand il se croyait assez fort, il allait de nouveau trouver le Chancelier et le priait de fixer le jour de l'examen.

4. Au jour fixé, il était interrogé tant par le Chancelier ou son délégué que par

Tout Chancelier en entrant en charge doit, au sein du chapitre, en présence de l'Evêque ou de son délégué et en présence
de deux délégués de l'Université convoqués à cette fin, jurer
qu'il procédera ainsi à la concession de la Licence, toutes les
fois qu'il en sera requis. Il doit jurer aussi qu'il gardera le
secret de ce qui lui sera dit par les Maîtres sur le compte de
chaque pétitionnaire, de peur qu'il leur en arrive quelque
mal. — Chaque Maître, en entrant en charge, doit jurer de son
côté qu'il dira consciencieusement et en vérité ce qu'il saura
de tout pétitionnaire sur lequel il sera interrogé.

Il est défendu au Chancelier d'exiger aucune somme d'argent
ni aucune promesse d'en donner pour la concession de la
Licence (3). Il lui est également défendu de demander au pétitionnaire aucun engagement outre celui du serment réglementaire (4).

Ces règles sont faites pour toute Licence, soit de théologie et
de décrets, soit de physique (médecine) et d'arts, soit de

les Maîtres examinateurs. S'il répondait d'une manière satisfaisante, il était reçu
Licencié; sinon il était renvoyé à un an.

5. Enfin, pour être admis aux examens de Licence, il fallait avoir suivi pendant un
temps déterminé les leçons *ordinaires* et *extraordinaires* de certains maîtres qui le
certifiaient.

(Voir ce Discours de Robert de Sorbon, dans Du Boulay, *Hist. de l'Univ. de
Paris*, t. III, p. 225-35.

(3) Il était de règle dans l'Eglise que nul ne peut enseigner sans y avoir été autorisé par le représentant de Celui qui a dit : *Euntes, docete omnes gentes*. Cette
autorisation devint la permission ou la *licence*, qui ne pouvait être accordée que par
le Pape Vicaire de Jésus-Christ, par l'Evêque frère du Pape, ou par le Chancelier
délégué de l'Evêque.

Il était de règle encore que l'autorisation, permission ou *licence* d'enseigner
devait être accordée gratuitement, conformément à la parole : *Quod gratis accepistis,
gratis date*. Une bulle du pape Alexandre III, en 1180, le décrétait. Cependant, le
même pape Alexandre III permit exceptionnellement à Pierre le Mangeur, chancelier
de l'Eglise de Paris, d'exiger pendant quatre ans un droit modique pour cette concession. (V. du Boulay, t. II, p. 355, 370; Crevier, *Hist. de l'Univ.* de Paris, t. I,
p. 256.) Plusieurs Chanceliers voulurent souvent transformer l'exception en règle pour
eux. De là l'article qui le leur défend.

(4) Les mêmes Chanceliers voulurent souvent astreindre les candidats à la Licence
à leur jurer obéissance et soumission. Jean de Candel fut un de ceux qui mirent le
plus en avant ces prétentions, en 1208. La bulle le défend.

toute autre (de grammaire qu'on nommait quelquefois en dehors des arts).

II. *De la Réglementation pour l'intérieur.* —L'Université a le droit de régler elle-même, à son gré, tout ce qui concerne l'intérieur de ses écoles; savoir : l'heure de lire et de disputer, la manière de faire l'un et l'autre; le costume; les obsèques des morts; la désignation des *bacheliers* en exercice, l'heure et le lieu où ils doivent lire et ce qu'ils doivent lire; la taxe des logements; l'exclusion de l'Université de ceux qui en attaquent les règlements ou qui refusent de les observer, et autres choses semblables.

Toutefois la Bulle statue, quant à la manière de lire et de disputer, en général, qu'on n'y emploiera pas la langue vulgaire. Le Pape ordonne en particulier aux Maîtres de théologie de se maintenir strictement dans leur sphère propre et spéciale, de ne point faire parade d'être philosophes. de travailler plutôt à devenir de vrais *théodoctes* et de ne disputer dans leurs écoles que sur les questions qui peuvent être résolues par les livres saints et les traités des Pères. — Il ordonne aux Maîtres ès-arts de lire tout Priscien, un chapitre après l'autre, dans leurs leçons *ordinaires.* Il défend de lire jamais, ni dans les leçons ordinaires ni dans les leçons *extraordinaires,* les livres d'Aristote *sur la nature,* jusqu'à ce qu'ils aient été examinés et expurgés de toute erreur et de soupçon d'erreur. — Il règle que les vacances d'été ne pourront pas durer plus d'un mois; mais les *bacheliers* pourront, s'ils le veulent, continuer leurs leçons pendant toutes les vacances.

III. *De la Réglementation pour l'extérieur.* — L'Evêque a le droit de régler ce qui concerne l'Université hors des écoles; savoir : la surveillance des écoliers dans la ville, les mesures à prendre pour qu'ils se conduisent honnêtement, la répression de leurs excès et méfaits, les peines à leur infliger pour le port des armes dans les rues qui leur est défendu (5), l'appui donné aux perturbateurs ; celles pour l'usurpation du titre d'Ecolier par des vagabonds qui ne fréquentent pas les écoles et ne s'attachent à aucun Maître, et autres choses semblables.

IV. *Des Priviléges des Ecoliers.* — Tout écolier arrêté sur quelque soupçon de faute punissable par la prison doit être mis en liberté sous caution. — Nul écolier ne peut être enfermé dans une autre prison que celle de l'Evêque. Nul ne peut être emprisonné pour défaut d'accomplissement d'aucun contrat, ni pour aucune dette. — Ni l'Evêque, ni son Official, ni le Chancelier ne peuvent exiger aucune somme d'argent pour relever un écolier de l'excommunication ou de toute autre censure qu'il a pu encourir.

Les plus sages mesures doivent être prises concernant l'héritage des écoliers qui meurent sans avoir fait de testament ou sans avoir constitué un exécuteur de leurs volontés. Ces mesures sont détaillées.

V. *De la Grève universitaire.* — L'Université a le droit de fermer ses écoles dans les cas suivants : si quelqu'un de ses membres est tué, ou mutilé, ou victime de quelque excès énorme ou de grave injure, et qu'on refuse de lui en donner satisfaction, quinze jours après en avoir été régulièrement sommé ; — si quelqu'un de ses membres est emprisonné contre tout droit et qu'on refuse de l'élargir, après en avoir encore été sommé régu-

---

(5) La défense de porter les armes revient fréquemment. Innocent IV la renouvelait encore en 1247, en s'adressant au Chancelier de l'Eglise de Paris, à qui il disait :

« *Ad aures nostras pervenit quod nonnulli scholares, licentiæ laxatis habenis, publicè, licet id publica vel privata non exposcat necessitas, arma ferunt, ex quo Deus et homines offenduntur, cœtus scholarium notatur infamiâ et etiam frequenter turbatur Studium et impeditur. Volentes igitur huic morbo salubrem adhibere medelam, Discretioni tuæ per apostolica scripta mandamus quod, si tales secundo tertio moniti se non correxerint, beneficio privilegiorum Universitalis scholarium authoritate nostrâ prives eosdem et denuncies ipsis nequaquam hujusmodi beneficium suffragari.* (Du Boulay, *Hist. de l'Univ.*, t. III, p. 244). Il n'en était sans doute pas autrement des écoliers de Toulouse.

lièrement ; —si on veut lui enlever son droit concernant la taxe des logements.

La *conclusion* générale à tirer de cette Bulle est que l'Université de Toulouse était itérativement et positivement assimilée par le Pape à celle de Paris. Elle devait donc avoir une organisation semblable dans ses parties essentielles.

Parmi les *conclusions* particulières, les principales à signaler sont celles-ci :

1. Les *grades* scholastiques du Baccalauréat, de la Licence et du Doctorat existaient dès cette époque. — En effet, la Bulle prescrit de quelle manière on doit accorder la Licence ; et elle parle de certaines mesures concernant les Bacheliers.

2. L'Université était divisée en *facultés*. — En effet, la Bulle mentionne distinctement les maîtres en théologie, les maîtres ès-décrets, les physiciens ou maîtres en médecine, et les artistes ou maîtres ès-arts. Elle recommande en outre de considérer, dans l'admission à la Licence, l'honneur et la dignité de chaque Faculté (6).

3. Les *statuts* de l'Université étaient de *deux genres*. — En effet, la Bulle établit une distinction entre les règlements qui concernaient l'intérieur même des écoles et ceux qui en concernaient l'extérieur ; les premiers étaient faits par l'Université elle-même, à son gré ; les seconds l'étaient par l'Evêque.

4. Il y avait dans l'Université *deux catégories de professeurs* ou de personnes enseignantes : les Maîtres en titre ou docteurs et les Bacheliers. — En effet, la Bulle parle des bacheliers qui lisent, c'est-à-dire professent ou enseignent concurremment avec les maîtres, à des heures, en des lieux et sur des matières désignées.

5. Il y avait aussi *deux sortes de leçons*, les ordinaires et les

(6) Le nombre des Facultés ne fut longtemps que de trois. La Médecine était comprise dans les Arts comme la Grammaire, quoiqu'elles eussent l'une et l'autre leurs grades spéciaux.

extraordinaires. — En effet, la Bulle ordonne aux maîtres ès-arts de lire tout Priscien dans leurs leçons ordinaires (7).

6. L'Université avait des *priviléges* qu'elle pouvait défendre elle-même, non-seulement par des protestations juridiques ou légales, mais encore par une action énergique. — En effet, la Bulle lui reconnaît le droit de fermer ses écoles ou de faire *grève;* ce qui mettait en quelque sorte les Maîtres et les Écoliers à l'état d'insurrection.

La même Bulle donne lieu à plusieurs *observations* dont voici les plus dignes de quelque attention.

1. Le droit dévolu au Chancelier d'accorder la permission d'enseigner ou de conférer le grade de la *licence* avait été l'objet de nombreuses et vives contestations dans l'Université de Paris. A chaque instant la lutte recommençait ou paraissait près de recommencer. Le Pape voulut sans doute y mettre fin par cette Bulle qui accordait quelque chose à l'une et à l'autre partie : car elle laissait au Chancelier le droit de conférer le grade, et elle reconnaissait à l'Université celui d'être consultée sur l'idonéité ou capacité du candidat.

Nous savons qu'à Paris le texte même de cette Bulle fut diversement interprété et amena de nouvelles contestations dont l'histoire est longue. Nous ignorons s'il en fut de même à Toulouse.

2. L'article de la Bulle, dans lequel le Pape défend si expressément aux Maîtres en théologie de faire parade de philosophie et leur ordonne de se borner aux questions qu'on peut résoudre par l'Ecriture et les Pères, pouvait se rapporter spécialement à certaines thèses qu'on disputait alors dans les écoles de Paris et qu'un ancien historien dénonce en ces termes :

« Les Maîtres en théologie et principalement ceux des Frères
» Prêcheurs et des Frères Mineurs commençaient à disputer et
» à disserter plus subtilement et plus hautement qu'il n'est
» juste et utile. Ne craignant pas d'être écrasés par la gloire du

(7) La nature de ces leçons sera expliquée plus tard dans les Statuts des années suivantes ou à leur occasion. — Il en sera de même de quelques autres points qui ne sont qu'indiqués ici.

2

» Très-Haut en essayant d'escalader ses montagnes, ils s'effor-
» çaient de pénétrer témérairement les secrets de Dieu qui sont
» impénétrables et de sonder présomptueusement ses jugements
» qui sont plusieurs abymes. Mais ces scrutateurs ont échoué
» dans leur scrutin; ils se sont égarés dans un impasse par la
» vengeance de Dieu à qui la sobre simplicité d'une foi solide
» plaît davantage que la subtilité d'une théologie trop trans-
» cendante. Et parce qu'il est plus sûr et plus méritoire d'ac-
» cepter et de croire simplement la tradition des Pères que de
» rechercher ce qui est prouvé par la raison et par l'expé-
» rience, ces hommes se sont perdus les uns sur les au-
» tres (8). »

Nous ne savons si les Dominicains, les Franciscains et les autres Maîtres en théologie de l'Université de Toulouse méritaient ce reproche qu'on adressait à leurs confrères de Paris. Le Pape voulait certainement qu'ils l'évitassent.

3. En parlant des Maîtres en droit, la Bulle ne nomme que les Maîtres *ès-décrets* ou en droit canonique, sans mentionner les Maîtres *ès-lois* ou en droit civil. Cependant il est certain que les Maîtres de l'an 1229 expliquaient Justinien, et il n'est pas probable que cet usage fût perdu.

4. En citant les livres d'Aristote *sur la nature*, la Bulle défend aux Maîtres ès-arts de les lire avant qu'ils aient été examinés et approuvés pour l'usage des écoles. Cette défense avait déjà été faite avant l'année 1229. Cependant les Maîtres de cette année à Toulouse n'en avaient tenu aucun compte. Nous ne savons s'ils en tinrent plus de compte en 1245 et dans les années suivantes; mais cela est d'autant moins probable que ces livres furent bientôt admis à Paris même, dans l'enseignement de la Faculté des Arts.

5. Le droit de grève que la Bulle reconnaissait expressément à l'Université avait été plusieurs fois exercé à Paris avec une grande énergie et non sans succès pour les négociations qui en

---

(8) Mathieu de Paris, cité par Du Boulay, t. III, p. 179. Voir id.; pag. 181, la recommandation de Robert de Lincoln, dit *Grosse Tête*, aux étudiants d'Oxford. — Voir à la fin du chapitre une liste de thèses soutenues dans les Ecoles et condamnées en 1240 par l'Evêque et l'Université de Paris.

avaient été la suite. L'Université de Toulouse ne manquait peut-être pas de disposition à agir de même, quand les circonstances lui paraîtraient l'exiger, *si id viderint expedire*, comme le Pape le disait; mais nous n'apprenons pas qu'elle l'ait fait en ces temps-là.

ADDITION A LA NOTE 8, PAGE 18.

Voici un échantillon des thèses qu'on soutenait alors dans les Ecoles et que le Pape interdisait. Celles-ci furent condamnées en 1240 par l'Université de Paris et l'Evêque.

1. L'essence divine en soi est et sera toujours invisible à l'homme.

Contra quod firmiter credendum est quod in sua essentia vel natura videbitur (Deus) ab omnibus glorificatis.

2. L'essence divine en soi est la même dans le Père et le Fils et le Saint-Esprit : mais elle n'est pas la même en la forme.

Contra quod firmiter credendum est quod una est essentia substantialis vel natura in Patre et Filio et Spiritu Sancto et eadem essentia in ratione formæ.

3. Le Saint-Esprit, en tant qu'amour et lien, procède du Père seul et non du Fils.

Contra quod asserendum est quod Spiritus Sanctus, pro ut est amor et nexus, procedit ab utroque.

4. Plusieurs vérités éternelles ne sont pas Dieu.

Contra quod asserendum est.

5. Primum Nunc vel Principium et creatio passio non sunt, creator vel creatura.

Contra quod credendum est quod Principium est creator et creatio, pussio et creatura.

6. Le mauvais ange a été mauvais dès sa création.

Contra quod tenendum est quod aliquando fuit bonus.

7. Les Glorifiés ne seront pas dans le ciel empyrée avec les anges, mais seulement dans le ciel aqueux ou cristallin, qui est au-dessus du firmament. Il en sera de même de la Sainte-Vierge.

Contra quod credendum est quod idem est locus SS, Angelorum et Beatorum animarum, scilicet cœlum empyreum : et quod idem erit corporum glorificatorum humanorum. Et similiter est idem locus spiritualis hominum beatorum et SS. Angelorum.

8. L'ange peut être à la fois dans plusieurs lieux et partout.

Contra quod credendum est.

9. Celui qui a les meilleurs biens de la nature aura nécessairement la plus grande grâce et la plus grande gloire.

Contra quod asserendum est.

10. Le diable n'a pas eu la puissance de ne pas pécher, ni Adam non plus.

Contra quod dicendum est quod Diabolus et Adam habuerunt unde possent proficere.

(Du Boulay, t. III, p. 177 et suiv.)

CHAPITRE TROISIÈME.

Nouvelle confirmation de l'Université par une autre bulle du pape Inno-
cent IV. — Maîtres en théologie. —Jacques de Toulouse, auteur d'un
Dictionnaire en théologie. — Mort du comte Raymond VII.
Années 1245 à 1249.

On peut croire que, par diverses causes plus faciles à conjec-
turer qu'à prouver, dans la situation du pays toulousain à
cette époque, l'Université rencontra plusieurs obstacles à son
fonctionnement régulier, malgré les recommandations et les
mandements du Pape. Cela expliquerait comment Innocent IV
fut amené, quelques années après 1245, à rappeler et à con-
firmer de nouveau les bulles de son prédécesseur et les siennes.

A la fin de celle qu'il adressa en 1248 à ses chers fils de
l'Université des maîtres et des écoliers de Toulouse, il leur
répète que sa volonté est qu'ils jouissent des mêmes libertés et
immunités que les maîtres et les écoliers de Paris ; et que tant
qu'ils résident à Toulouse, soit pour enseigner, soit pour
étudier, ils conservent tous leurs droits aux fruits et revenus
des prébendes qui leur ont été accordées. « En outre, disait-il,
» j'ordonne que le Comte et les citoyens de Toulouse s'engagent
» par serment à vous accorder toute immunité pour vos per-
» sonnes et pour vos maisons, comme le seigneur Comte l'a
» promis et s'y est obligé (1). »

Nous ne trouvons aucune autre mention de ce serment, et
nous ignorons quels en furent les effets et la suite, si toutefois
il fut réellement prononcé avant la mort du comte Raymond VII,
qui eut lieu l'année suivante, 27 septembre 1249.

Vers ces mêmes années, on nomme, comme Maîtres en théo-

(1) *Statuimus præterea ut Comes et cives Tolosani personarum et locorum immu-*
nitatem concedere sub jure jurando compellantur, sicut promisit Dominus Comes et
se obligavit. Ex Codice mss. Carcassonensi, Percin, t. 2. de *Academia*, p 152.

La reine Blanche exigea un serment semblable des citoyens de Paris, qui le jurè-
rent en 1251. (Du Boulay, *Hist. de l'Univ. de P.*, t. III, p. 241.)

logie, Raymond *de Cancio*, de l'ordre des Frères Prêcheurs (2),
et Bernard *de Brive*, Frère Mineur (3). L'un et l'autre étaient
inquisiteurs : ils furent chargés, en 1247, de faire une enquête
sur les dispositions religieuses dans lesquelles était mort
Raymond VI, dit le Vieux, et d'examiner s'il méritait d'être
relaxé de toutes les excommunications qu'il avait encourues de
son vivant et si l'on devait l'inhumer dans un cimetière ecclésiastique, avec les honneurs accoutumés.

Deux autres maîtres sont signalés comme ayant assisté à la
lecture des dépositions faites par les témoins en cette enquête;
maître Jean *de Caplata* et maître Bertrand. Un dernier est
indiqué comme oncle d'un témoin ; maître Jordan. Mais c'est
tout ce que nous savons d'eux (4).

Nous en savons davantage sur Jacques *de Toulouse*, que les
Dominicains nomment parmi « les docteurs de leur ordre qui
» furent estimés à un haut prix et qui illustrèrent merveilleu-
» sement l'Académie de Toulouse (5). » Il composa un grand
Dictionnaire de théologie, resté manuscrit, malgré le désir que
les Dominicains de Toulouse témoignaient de le voir imprimé.
Le peu qu'on en dit peut donner quelque idée de l'enseignement théologique à cette époque, et montre qu'on sentait le
besoin de faire un fréquent usage de la Bible et des Pères dans
les chaires des écoles, comme dans celles des églises (6). Jacques

(2) *Magister* Raymundus (*alias* Bernardus) *de Cancio ou Cancius Tolosanus,
persecutor hostisque acerrimus et malleus hæreticorum, vir venerandus, sanctus et
Deo plenus et verbi Dei concionator insignis,... præcipuà cum devotione functus
vitâ*, anno 1252 (alias 1260). Percin, *Monumenta.*, t. I, p. 53 et 54, t. II, *de
Hæresi*, p. 70.

(3) Maître Bernard (ou Guillaume) *de Brive*, de l'ordre des Frères Mineurs, inquisiteur, fut de plus confesseur ordinaire du Comte. Il fut autorisé pour cela à résider
à la Cour de Raymond VII, avec son compagnon, à porter des souliers, à aller à
cheval, etc. (*Hist. de Lang.*, l. XXV, § 100 et 114, Percin, *loc, cit.*)

(4) Percin, *Monum.*, t. II, *Inquisitio de comite Raymundo*, p. 82.

(5) *Doctores Tolosæ, magno pretio habiti, qui Academiam mirifice illustrarunt.*
Nicolas Bertrandi, cité par Percin, *Monument.*, t. II, *de Acad. Tolosana*, p. 194.

(6) Ce Dictionnaire en deux gros volumes, que l'on conservait manuscrit chez les
Dominicains de Toulouse, est connu par une note adressée de cette ville à Quétif,
en 1713, et insérée dans les *Scriptores ordinis Prædicatorum*, t. I, p. 472. Voir
l'*Hist. litt. de France*, t. XVIII, p. 399.

de Toulouse , qui s'appelait lui-même « un serviteur minime,
» inutile et indigne, de Dieu, de N.-S. Jésus-Christ et de l'ordre .
» des Frères Prêcheurs » mourut vers 1250 (7).

De tous les autres maîtres qui enseignèrent dans les diverses
Facultés , nous n'avons pas seulement les noms.
— Raymond VII mourut, comme nous venons de le rappeler,
en 1245, le 27 septembre. Alphonse, comte de Poitiers et frère
du Roi, qui avait épousé Jeanne, sa fille unique, lui succéda.

CHAPITRE QUATRIÈME.

*Maîtres de la Faculté de droit et juristes signataires de la consultation
sur la validité du testament de Raymond VII. — Autres maîtres. —
Faveur des études de droit et abus de la maîtrise. — Lettre du pape
Innocent IV: tentative pour restreindre les études de droit. — Bertrand
de Montaigu, docteur ès-décrets. — Luttes à Paris entre les maîtres
séculiers de l'Université et les moines : leur retentissement à Toulouse.
— Elie Bruneti, maître de théologie. — Lettre de l'évêque de Toulouse
aux Capitouls, concernant quelques priviléges de l'Université.
Années 1251 à 1270.*

Des doutes sur la validité du testament de Raymond VII
donnèrent lieu à une consultation qui n'est pas sans impor-
tance pour notre histoire, à cause des renseignements qu'elle
fournit sur l'état de la Faculté de droit dans l'Université de
Toulouse à cette époque (1251, 28 mai).
Cette consultation, dont on nous a conservé le texte avec les
signatures (1), fut rédigée de l'avis de vingt jurisconsultes,
tous versés dans l'un et l'autre droit, tant ecclésiastiques que
laïques. Entre eux, l'un est qualifié de Maître Docteur-ès-

---

(7) *Jacobus frater tolosanus, Dei et Domini nostri Jesu-Christi et ordinis Fratrum
Prœdicatorum servus minimus, inutilis et indignus.* Il se qualifie ainsi au commencement de son Dictionnaire.

(1) Catel, *Histoire des comtes de Toulouse*, p. 383. — *Histoire de Languedoc*,
liv. XXVI, § 10.

décrets; un autre de Docteur-ès-lois : quatre sont désignés simplement comme Maîtres; aucune qualité n'est ajoutée au nom des autres, qui sont dits collectivement savants en droit, *juris periti.*

Il suit de là très-certainement que l'enseignement simultané du droit canonique et du droit civil, qui avait été annoncé dès l'origine de la Faculté, s'y maintenait traditionnellement, nonobstant la défense ou la non-autorisation des Papes. Les maîtres de 1229 avaient de véritables héritiers dans ceux de 1251, qui expliquaient aussi Justinien en même temps que les Canons. Cet enseignement était d'ailleurs nécessaire dans ce pays de Toulouse où *le droit civil était en usage* et où les jurisconsultes dénonçaient l'invalidité d'une partie du testament de Raymond, parce qu'elle n'avait pas été rédigée *conformément au droit civil.*

On peut conclure probablement de la même consultation que la Faculté de droit, où l'on ne comptait primitivement que deux Maîtres, en avait alors au moins six, puisque tel est le nombre de ceux qui joignirent ce titre à leur nom en signant. Ainsi la promesse contenue dans le programme de 1229 aurait été accomplie, et d'autres chaires de droit auraient été instituées pour donner plus d'étendue aux études.

Nous ne connaissons que les noms des six maîtres de cette année 1251 : c'étaient, Maître GIRAUD *de Andriano*, docteur ès-décrets; D. GUI *de Regio*, docteur ès-lois (2); Maître RAYMOND *de Amiliano*, archidiacre d'Agen (3); Maître ETIENNE *de Judoni*, chanoine de Narbonne; Maître BONNET, chanoine d'Agen (4); et Maître GUILLAUME *de Lavaur.*

Voici les noms des quatorze jurisconsultes qui signèrent avec eux et dont quelques-uns sont bien connus.

(2) *Dominus Guido de Regio, doctor legum.* Dans le poëme de la Croisade contre les Albigeois, il est question d'un légiste, Mosenhen Gui *Cap de Porc* qui joue un grand rôle, réputé le meilleur légiste de la chrétienté, et qui plus est chevalier et homme de noble race, etc. Etait-ce le même? ou un parent? Un *Bernard-Raymond de Regiis* fut capitoul en 1299.

(3) Un Raymond *Ameli* était capitoul en 1310. Ce nom d'*Ameli* ou *Amiel* revient fréquemment dans la liste des Capitouls.

(4) Un Vital *Boneti* était capitoul en 1277. — Un *Guillaume* l'était en 1303.

Bernard Gaillarti (5); Raymond de Saureto; Roger de Palatio (6); Guillaume Arnaud (7); Pierre de Lens; Ponce Baraignon (8); Arnaud d'Escalquens (9); Guillaume son fils; Raymond de Vermeil; Raymond Capellanus; Raymond Joannis (10); Guillaume de Rayna; Ponce d'Astoand (11); Gui Fulcodi (12).

Dans les années suivantes, nous voyons nommé à plusieurs reprises et employé à diverses négociations Odon *de Moutonnier*, à qui on donne le titre de *maître* et de clerc du comte. — Il en est de même pour Henri *de Virzilles*, pour Nicolas *de Châlons-sur-Marne*, et pour Pierre *de Voisins*, qui sont dits aussi *maîtres* et clercs du comte (13).

On signale là une preuve de la faveur dont jouissaient les études de droit et de leurs progrès.

Il faut pourtant signaler aussi ce que dit, à ce sujet, un écri-

(5) Dans le poëme de la Croisade contre les Albigeois, un grand rôle est joué par Maître *Bernard*, docteur, bon légiste, sachant beaucoup et parlant bien, capitoul. Etait-ce le même? Un Pierre *Bernard* fut capitoul en 1285. Etait-ce encore le même?

(6) Le nom des *de Palatio* ou *de Palais* revient fréquemment dans la liste des Capitouls; un Hagar *de Palais* l'était en 1277 et dans plusieurs des années suivantes.

(7) C'est le nom du célèbre inquisiteur, professeur de théologie, réputé très-savant en droit canon, l'un des martyrs d'Avignonet en 1242. — Un des Capitouls de l'année 1283 se nommait *Germain Arnaud*. Et ce nom d'*Arnaud Arnaldi* revient souvent.

(8) Un *Bernard Raymond de Baraignon* fut capitoul en 1272.

(9) Plusieurs d'*Escalquens* furent capitouls en 1283, 1285 et autres années. Un *Guillaume Arnaud d'Escalquens* l'était en 1292, etc.

Soixante-quinze ans plus tard, 1326, un d'*Escalquens*, capitoul, fit faire ses funérailles, lui vivant, dans l'église des Jacobins.

(10) *Joannis*, seigneur de Bruguières, de Gargas, de Cepet, etc., sont fréquemment nommés dans la liste des Capitouls.

(11) Celui qui fut chancelier du comte Alphonse, l'héritier de Raymond VII, et employé à plusieurs négociations. (*Hist. de Lang.*, l. XXVI, § 9, 52.)

(12) Celui qui fut plus tard le pape *Clément IV*. En 1254 il agit comme envoyé *missus* du comte Alfonse, et prit le titre de *Magister Guido Fulcodii*. (*Hist. de Lang.*, l. XXVI, § 16, preuves, n° 94).

(13) Id. id., § 52, 61, 49.

vain de ce temps, Mathieu de Paris. Suivant lui, ce titre de
Maître en droit était souvent pris par des hommes qui, encore
jeunes et légers de science, avaient lu dans l'Université, mais
qui l'avaient quittée vite pour exercer des fonctions honorifi-
ques, et surtout des emplois lucratifs. Il déplorait cette coutume (14).

Le pape Innocent IV la déplorait aussi, comme on le voit par
sa Lettre circulaire aux Prélats de France et des autres pays,
à la date de l'année 1254 (15). Il s'y plaint de ce que, dans
les Universités, les écoliers quittent vite ou même n'abordent
pas du tout l'étude des arts libéraux ni celle de l'art des arts qui

(14) *Ut omnibus liquet, adolescentes ætate et scientia satis simplices, ex quo noverint
in paucis sophismatibus perstrepentibus palivis congarrire, cathedras ascendunt ma-
gistrales ut, nomine magistrali usurpato, tumeant elevati, et facti venerabiliores sine
fundamento ad culmina scandant celsiora et, salutata legum aut decretorum schola,
ad pontificales ascendunt dignitates, cum melius esset et utilius scholarum prius
imbui experientia.,. Jam fere omnes scolares, intactis grammatices rudimentis, au-
thoribus et philosophis, ad leges properant audiendas. Quas (leges) constat non esse
de numero liberalium artium : artes enim liberales propter se appetuntur, leges autem
ut salaria acquirantur.* (Cité par du Boulay, t. III, p. 264-65.)

(15) *Crebris relatis aures nostras abhorrenda fama circumstrepit et incalcat
assiduè quod, relictis quin imo procul abjectis philosophicis disciplinis (ut ad præsens
de divina scientia taceamus) tota clericorum multitudo ad audiendas sæculares leges
concurrit. Et quod magis divini animadversione dignum est judicii, nunc... ad ecclesiasticas dignitates, honores vel præbendas nullus assumitur.,. nisi qui vel sæcu-
laris scientiæ professor vel advocatus existat... Cum philosophiæ alumni in ejusdem
gremio tam tenerrime educati, tam diligentissime imbuti, excellentissime prompti
et edocti, pro victus et vestitus penuria conspectum hominum fugere cogantur, tam-
quam noctuæ latentes..., et illi, diaboli equis phaleratis purpurati insidentes, in
fulgore auri, in candore argenti, in nitore gemmarum, in holosericis stupentem re-
verberantes solem se non crucifixi vicarios sed hæredes Luciferi prætendunt quocumque ingrediuntur... Servit Sara et Agar imperat: affliguntur liberi et servi obtinent
principatum.*

*Volentes igitur tantæ insolentiæ morbo necessariam adhibere medelam..., hac irre-
fragabili constitutione statuimus ut nullus de cætero sæcularium legum professor seu
advocatus, quatenuscumque in legum facultate singularis gaudeat præeminentiæ pri-
vilegio speciali, ad ecclesiasticas dignitates, personatus, præbendas seu etiam ad
minora beneficia admittatur, nisi in aliis liberalibus disciplinis sit expertus, et
vita et moribus commendatus existat...*

*Præterea... fratrum nostrorum et aliorum religiosorum consilio et rogatu, statuimus
quod leges sæculares de cætero non legantur, si tamen hoc de regum et principum
processerit voluntate. Datum Romæ.* (Du Boulay, loc. cit. supra.)

est la théologie, pour courir en foule aux leçons des professeurs de droit civil. Il s'indigne de ce que les savants en ce Droit, les maîtres, les avocats sont préférés à tous les autres quand il s'agit de dignités, d'honneurs, de prébendes et de toutes sortes de bénéfices à donner. « Ils ont, dit-il, le superflu » de toutes choses, ils se nourrissent délicatement, ils s'habil- » lent magnifiquement, ils se pavanent devant la foule sur » les chevaux caparaçonnés du diable, eux-mêmes brillants de » pourpre, éclatants d'or et d'argent, étincelants de pierreries, » éblouissants par la réverbération du soleil sur leurs étoffes » de soie et ressemblants à des héritiers de Lucifer plutôt qu'à » des vicaires du crucifié; tandis que les disciples de la philo- » sophie, ceux qu'elle a le plus tendrement élevés dans son » sein, le plus diligemment imbus de ses principes, le plus » excellemment instruits de sa doctrine manquent de tout, se » nourrissent grossièrement, s'habillent sordidement et sont » forcés par là de fuir la présence des hommes et de se cacher » comme des oiseaux de nuit... Ainsi Sara est la servante et » Agar est la maîtresse. Les hommes libres sont écrasés et les » serfs ont le commandement. Il ne convient pas qu'il en soit » ainsi, ni qu'on réalise le vers du poëte, disant que *tout* » *dans la nature viendra après les lois.* » A ces causes, il recommande aux prélats de faire tous leurs efforts pour apporter le remède nécessaire à cette maladie d'insolence excessive. Il statue qu'à l'avenir aucun docteur régent ès-lois séculières, aucun maître ni aucun avocat, quelle que soit sa science de ces lois, ne sera réputé admissible aux dignités, honneurs, prébendes et bénéfices ecclésiastiques, s'il n'a donné des preuves de son savoir dans les autres arts libéraux et s'il n'est reconnu de bonne vie et mœurs. Il témoigne même le désir qu'entre deux candidats, dont l'un ne serait que philosophe et théologien et l'autre légiste, on préfère le premier. De plus et en finissant, il exprime le vœu que, pour pousser les écoliers à étudier plus sérieusement la théologie, qui montre directement la voie du salut, et la philosophie, qui dirige vers la science et détourne de la cupidité, on *supprime l'enseignement du droit civil* dans toutes les Universités, autant qu'on le pourra, avec

le consentement des rois et des princes. Donné à Rome,
1254 (16).

Cette lettre fut sans doute connue du nouveau comte de
Toulouse, Alfonse, mais il ne paraît pas qu'elle ait produit un
grand effet. Le droit civil continua d'être enseigné à l'Université ; les écoliers ne cessèrent pas non plus de courir en foule
aux leçons des maîtres qui l'enseignaient ; et le titre de Maître
fut toujours un privilége pour obtenir les dignités et les fonctions tant ecclésiastiques que civiles.

Si quelques-uns déshonoraient vraiment ce titre, comme
Mathieu de Paris et Innocent IV s'en plaignaient, d'autres lui
faisaient honneur. De ce nombre fut BERTRAND *de Montaigu.*

On ne peut dire quel est le lieu de sa naissance, désigné par ce
nom qui est très-commun dans la région toulousaine et dans les
pays voisins (17). On ignore également à quelle époque il naquit
et quelle était sa famille.

Il paraît avoir fait ses études à l'Université de Toulouse, où

(16) Cette pensée de *supprimer l'étude du Droit civil*, pour pousser à étudier davantage la théologie, était la même qui avait porté le pape Honorius III, en 1220, à
interdire l'enseignement de ce droit dans l'Université de Paris. (Voir notre premier
fragment.) Savigny dit à ce sujet : « Dans les premiers temps du moyen âge, le
clergé avait pour le Droit romain une prédilection particulière ; car il vivait d'après
ce droit, y trouvant de grands avantages. La conservation et la propagation du Droit
romain fut donc en grande partie l'œuvre du clergé.

» Mais au douzième siècle, il se fit tout à coup un changement dans les idées, et
l'on crut que cette étude ne convenait pas aux ecclésiastiques, non que l'on désap-
prouvât les principes du Droit romain, ou qu'on lui reprochât son origine païenne,
mais par suite du nouveau cours donné à l'activité intellectuelle.

» La théologie d'un côté, la science du droit de l'autre, furent étudiées avec
passion ; les esprits les plus distingués se vouèrent exclusivement à chacune d'elles ;
et dès lors on regarda les conquêtes de l'une de ces deux sciences comme faites au
détriment de sa rivale. Le clergé était porté naturellement vers la théologie ; et lorsqu'un de ses membres, cédant à l'esprit du temps et à des intérêts secondaires, embras-
sait la science du droit, on pouvait blâmer sa conduite. Aussi, vers le milieu du
douzième siècle, saint Bernard se plaignait que, dans le palais du Pape, on étudiât
plus les lois de Justinien que celles du Seigneur. » (Savigny, t. III, p. 261.)

(17) *De Monte Acuto.* Il y a, entre beaucoup d'autres, dans les environs de Toulouse (canton de Grenade), un Montaigut depuis longtemps célèbre par une chapelle
dédiée à la Sainte-Vierge, dite *Notre-Dame d'Alet*, où de nombreux miracles ont été
opérés, suivant la légende.

il prit ses grades et devenu maître docteur-ès-décrets enseigna jusques environ l'an 1255.

Il fut alors nommé abbé de Figeac, et quelque temps après abbé de Saint-Pierre de Moissac. — Nous le retrouverons plus tard jouissant d'une grande réputation et exerçant des fonctions très-hautes.

Dans ces années 1252 à 1257, des luttes très-vives, souvent très-scandaleuses et touchant quelquefois à de très-hautes questions religieuses, politiques et sociales, eurent lieu à Paris, entre les maîtres séculiers de l'Université et les réguliers ou moines, dominicains, franciscains et autres.

Le débat s'était engagé d'abord sur le droit d'occuper des chaires publiques et d'être membre de l'Université, admis à en prendre les grades et à jouir des priviléges qu'ils donnaient. Les séculiers refusaient de reconnaître ce droit aux moines ou réguliers ; ceux-ci le réclamaient et voulaient l'exercer.

Ensuite, le débat s'étendant en se passionnant, les séculiers accusèrent les moines de n'être que de faux mendiants, pauvres, humbles et désintéressés en apparence, mais en réalité cupides, orgueilleux, accapareurs de biens et poursuivants acharnés des richesses, des honneurs et de tous les pouvoirs. Enfin, à l'occasion d'un livre nouveau intitulé l'*Evangile éternel*, dont les auteurs, les partisans et les propagateurs étaient certains moines, les séculiers les dénoncèrent tous comme des novateurs cherchant à introduire une religion qui ne serait plus chrétienne et dont ils gouverneraient les églises en chefs tout-puissants. Ils résumèrent leurs accusations dans un livre qu'ils intitulèrent *Des périls des derniers temps*.

Les moines, de leur côté, accusaient les séculiers d'être eux-mêmes les ennemis de la vraie religion, des fauteurs de doctrines erronées, d'hérésies, d'impiétés; de n'être pas moins les ennemis du roi que de la religion, et de leur fermer les portes de l'enseignement public pour ne pas avoir de contradicteurs ni d'antagonistes.

Ces luttes de paroles dégénérèrent souvent en luttes d'actions. Des écoliers de l'Université insultaient les moines : les amis de ceux-ci profitaient des occasions de maltraiter les écoliers ; les maîtres menaçaient de suspendre leurs leçons, ils les suspendaient et ordonnaient à tous de les suspendre ; les moines résistaient et battaient ceux qui voulaient faire exécuter les ordres des maîtres et du recteur.

Les papes Innocent IV et Alexandre IV intervinrent aussi avec passion dans ces luttes, soit par eux-mêmes, soit par leurs délégués. Ils pressèrent le roi d'y intervenir et même parurent quelquefois lui en faire une obligation et lui en donner l'ordre.

Tout finit, après six ans d'une lutte acharnée, par un double compromis. Les deux livres, l'*Evangile éternel* et le *des Périls des derniers temps*, furent également condamnés et brûlés : mais le premier le fut presque secrètement, et le second avec éclat. Les moines dominicains et franciscains purent enseigner publiquement, mais dans un petit nombre de chaires ; ils purent aussi faire partie de l'Université, mais sans prendre part à tous les actes et dans un rang inférieur.

En réalité, les moines triomphaient; mais ce triomphe ne fut pas sans mélange, et longtemps ils eurent à souffrir du mécontentement et des vengeances de ceux qu'ils avaient vaincus.

Rien ne peut faire soupçonner que des luttes tant soit peu semblables aient eu lieu à Toulouse. Elles n'y avaient aucune raison d'être puisque, dès l'origine de l'Université, les dominicains lui avaient donné des maîtres en théologie et qu'il en fut de même pour les autres ordres mendiants, franciscains, carmes et augustiniens, un peu plus tôt ou un peu plus tard (comme on l'a vu ci-dessus).

Mais on ne peut pas davantage supposer que le bruit de ces

luttes ne parvint pas dans cette ville et qu'il n'y causa aucune émotion. Tous les moines durent s'y intéresser à une cause qui était celle de leurs ordres et prendre la défense de leurs frères de Paris. Les séculiers durent avoir aussi leurs défenseurs et leurs partisans, pour eux-mêmes et surtout en haine des dominicains inquisiteurs. Les maîtres de Paris excitaient d'ailleurs leur zèle par différents écrits, entre lesquels est une Lettre circulaire aux archevêques, évêques, etc., et écoliers de toutes les Universités, *scholaribus universis*. « Ils l'écrivaient, disaient-» ils, parce que, les moines ayant partout des couvents, il » était à craindre qu'ils répandissent partout leurs calomnies. » Pour eux, ils ne voulaient que rétablir la vérité des faits et » la faire connaître à tous. » Cette Lettre était datée du 4 février 1254 (18); mais nous ne savons rien de l'effet qu'elle produisit, ni de ce qui arriva jusqu'en 1257.

En cette année, un résultat spécial de l'arrangement qui se fit alors fut l'envoi de Paris à l'Université de Toulouse d'un maître en théologie, dont le nom est souvent prononcé dans ces débats, et qui paraît y avoir joué un rôle principal; Elie Bruneti, *de Bergerac*.

En effet, il occupait à cette époque l'une des deux chaires de théologie, dont les Dominicains s'étaient emparés et que les maîtres séculiers ne voulaient pas leur laisser : l'autre chaire était occupée par le frère Bonhomme. Les deux papes Innocent IV et Alexandre IV intervinrent souvent en leur faveur, demandant ou plutôt mandant et ordonnant qu'on les maintînt dans leur chaire et qu'on les considérât comme en étant les possesseurs légitimes, devant jouir de tous les priviléges attachés à ce titre.

Les écrivains de leur ordre les citent parmi les hommes

---

(18) *Ne quidam de Fratribus qui apud omnes ecclesias sunt dispersi causam forte Fratrum suorum parisiensium ad hominum aures justificare volentes veritatem factorum aliena narratione valeant obfuscare... Nos cupientes veritatem omnibus notam esse... præsentium tenore duximus intimandam.* (Voir la lettre entière dans Du Boulay, t. III, p. 255-58.)

illustres qui ont fait la gloire des Frères Prêcheurs, *de Viris illustribus ordinis Fratrum Prædicatorum* (19).

Mais lorsqu'en conséquence de l'arrangement conclu en 1257, frère Thomas d'Aquin eut obtenu le titre de licencié-docteur qu'on lui avait longtemps refusé, le chapitre de l'Ordre décida de lui donner la chaire occupée par Elie Bruneti ; et il envoya celui-ci professer la théologie à l'Université de Toulouse (20).

On peut supposer que c'était aussi le renvoyer au lieu d'où il était venu. Car il n'est pas invraisemblable que, né à Bergerac, Elie Bruneti ait fait ses études à Toulouse et qu'il ait pris l'habit de Dominicain dans le couvent de cette ville : d'où il sera ensuite allé à Paris. Il revenait du moins dans un pays qui lui était bien connu.

Il y justifia sans doute la réputation qu'il s'était acquise à Paris, et la Faculté de théologie à Toulouse dut en recevoir quelque éclat.

Nous ne savons combien de temps il y professa ; mais il est certain qu'il fut aussi envoyé à Montpellier. Les chefs de l'Ordre pouvaient trouver quelque avantage à charger un illustre maître d'enseigner successivement en plusieurs lieux.

Nous ignorons l'époque de sa mort, comme celle de sa naissance. S'il a écrit quelques ouvrages, on ne nous en a rien conservé. Il n'en clôture pas moins cette seconde période d'une manière digne d'être remarquée dans l'histoire particulière de la Faculté de théologie.

---

(19) V. l'*Hist. litt.*, t. XIX, p 104. Un *Guillaume Brunet*, signalé comme professeur de Droit romain, fut poursuivi et condamné comme hérétique à Carcassonne, en 1295. (Hauréau, *Délicieux,* p. 21.)

Le nom de *Bonhomme*, *Boni hominis* est celui de plusieurs maîtres que nous trouverons plus tard.

(20) Il n'y a pas de témérité à supposer qu'il y raconta jusque dans les plus petits détails la lutte où il avait été acteur et témoin, en faisant valoir tous les arguments en faveur des moines, contre leurs adversaires. Ceux-ci durent répondre. Et il put en résulter quelque agitation dans le Studium et dans la ville.

A la fin de cette période et dans l'année qui précéda sa mort, l'évêque de Toulouse, Raymond de Falguar, écrivit aux Capitouls de Toulouse une lettre qui mérite aussi d'être remarquée, parce qu'elle se rapporte à la conduite des écoliers de l'Université et à la distinction des pouvoirs épiscopal et municipal.

« Aux hommes vénérables et discrets, les Consuls de la cité
» et du bourg de Toulouse, salut.

» Parce que nous avons à cœur qu'aucun méfait ne reste
» impuni, par l'autorité de la présente nous vous concédons
» plein pouvoir d'arrêter les clercs soumis à notre juridiction,
» qui seraient surpris en cas de quelque méfait grave ou
» énorme; sous la condition qu'au plus tôt qu'il vous sera
» commode vous aurez soin de les remettre à Nous ou à notre
» Official, avec les armes que vous aurez trouvées entre leurs
» mains et que vous nous rendrez aussi. Donné à Toulouse,
» aux calendes d'avril; 1269 » (21.)

Parmi ces clercs étaient certainement compris les écoliers de l'Université. Or, aux termes de la Bulle du pape Innocent IV, 1245, l'Evêque seul était chargé de réprimer les excès des écoliers et de veiller à ce que leurs méfaits ne restassent pas impunis, mais en respectant leur honneur (22). L'Evêque seul devait les arrêter, saisir les armes qu'ils portaient malgré la défense qui leur en avait été faite et les emprisonner. Ici, Raymond de Falguar concède une partie de son droit aux Capitouls, en empruntant quelques mots de la Bulle elle-même et en attestant son vif désir *qu'aucun méfait ne reste impuni,* comme

(21) *Venerabilibus et discretis Consulibus urbis et suburbii Tolosæ, salutem.*

Quia nobis cordi est ne maleficia remaneant impunita, authoritate præsentium plenam vobis concedimus potestatem capiendi clericos nostræ jurisdictioni subditos, qui in quocumque gravi seu enormi maleficio fuerint deprehensi; quos Nobis vel Officiali nostro cum armis quæ cum ipsis inveneritis ubi citius commode restituere seu reddere procuretis.

Datum Tolosæ, calendas aprilis 1269. (Percin, *Monum.* t. I, p. 61.)

(22) *Præcipimus ut Tolosanus Episcopus sic delinquentium castiget excessus quod scholarium servetur honestas, et etiam maleficia non remaneant impunita.* (Bull. 1245.)

cette Bulle le commandait. Mais en même temps il veut que ces Capitouls lui renvoient aussitôt que possible toute l'affaire.

On peut conclure de là que les méfaits des écoliers étaient nombreux ; — que les gens de l'Evèque ne pouvaient pas ou ne voulaient pas arrêter tous les coupables ; — que les Capitouls le fesaient par leurs gens ; que de plus, ils retenaient longtemps en prison ceux qu'ils avaient arrêtés, confisquaient leurs armes et quelquefois les jugeaient eux-mêmes. L'Evèque ne consentait qu'aux premiers de ces actes , mais très-pleinement.

On peut conclure encore de ce *plein pouvoir* concédé par l'Evèque aux Capitouls qu'il n'était pas content de la conduite des écoliers et de celle de quelques maîtres envers lui, et qu'il n'était pas fâché de les punir par la limitation de priviléges dont ils usaient et abusaient. Mais cette dernière conclusion est peut-être hasardée (23).

RÉSUMÉ.

1. Pendant cette deuxième période de trente-deux années , l'Université de Toulouse, dont les Maîtres n'étaient plus sala- riés par le Comte, se maintint d'elle-même ; elle s'affermit, s'organisa plus complétement sur le modèle de celle de Paris et se développa.

2. Les Pouvoirs locaux et les habitants eurent pour elle des sentiments très-mêlés, qui changeaient suivant les circonstan- ces. Le Pape la soutint constamment avec énergie.

---

(23) Raymond de Falguar , qui avait été dominicain avant d'être évêque , et qui s'était toujours montré le protecteur de l'Ordre auquel il avait appartenu , eut à sou- tenir un procès très-scandaleux, qui jeta longtemps le trouble et l'agitation dans la ville de Toulouse. On l'accusait de divers crimes , entre autres celui de mener une vie licencieuse et d'être extrêmement négligent dans les fonctions de son ministère. (*Hist. de Lang.*, liv. XXVI, § 54.) Les écoliers et les maîtres de Toulouse qui prenaient le parti des maîtres et des écoliers de Paris , dans leurs débats avec les Dominicains , purent par suite s'allier aux ennemis de l'Evêque-dominicain. *Inde iræ.* Mais nous répétons ce que nous disons dans le texte, que cette conclusion est peut- être trop hasardée.

3. La Théologie y fut enseignée par des Maîtres qui appartenaient tous aux Ordres mendiants. Plusieurs furent des inquisiteurs ardents : quelques-uns des professeurs distingués.

4. Les études de l'un et l'autre Droit et plus spécialement celles de Droit civil furent en grande faveur, peut-être aussi en quelque progrès. Le Pape essaya plus d'une fois de s'y opposer; mais inutilement.

5. Les études de Médecine et des Arts durent se développer parallèlement aux autres, quoiqu'on ne nous en dise rien.

6. La conduite des Etudiants était souvent turbulente et désordonnée. Les deux polices, épiscopale et municipale, avaient beaucoup de peine à prévenir les excès, ou à les réprimer.

Toulouse.—Imp. DOULADOURE.

Extrait des Mémoires de l'Académie des Sciences, Inscriptions & Belles-Lettres de Toulouse.

HISTOIRE

DE L'UNIVERSITÉ DE TOULOUSE

3me FRAGMENT

Par M. GATIEN-ARNOULT.

(Ce fragment fait suite aux deux qui sont imprimés dans les *Mémoires de l'Académie*, années 1877 et 1878 : il est destiné à former le commencement d'un troisième livre, qui comprendra les trente huit années écoulées de 1271 à 1309, époque à laquelle commencent les registres des Statuts de l'Université. G. A.)

La mort de la comtesse Jeanne en qui s'éteignit la famille des Raymond et celle de son époux, le comte Alphonse, frère du roi Louis IX, font de l'année 1271 une grande époque dans l'*Histoire générale de Languedoc*. Alors le comté fut réuni à la couronne, en vertu du traité de Paris.

1

Cette même année est une date mémorable dans l'histoire particulière de l'Université de Toulouse, par le nom d'un homme qui commença d'y être un célèbre professeur de Droit civil, Jacques de Revigny.

En empruntant les mots d'une inscription ambitieuse, on peut dire : *Sta lector, principi juris peritiæ occurris.* C'est pourquoi nous commençons avec lui un nouveau livre. Nous dirons plus tard pourquoi nous le finissons en l'an 1309.

CHAPITRE PREMIER.

Faculté de Droit. — Jacques de Revigny, professeur de Droit civil. Sa vie, son enseignement, ses ouvrages. — Sa dispute avec François Accurse, de passage à Toulouse, en 1273. — Fin de son professorat et sa nomination à l'évêché de Verdun, en 1289. — Sa mort en 1296.

Quels qu'aient été les mérites de ceux qui enseignèrent le Droit à l'Université de Toulouse, depuis sa fondation jusqu'à l'année 1271, et qui en furent les maîtres pendant cette durée de presque un demi-siècle, *sachant bien et disant bien,* aucun d'eux n'est parvenu à se faire une place dans le long souvenir de la postérité. Quelques noms seulement ont à peine échappé à l'oubli où tout le reste a péri : et ces noms ne disent rien ou presque rien à l'imagination, comme nous l'avons vu.

Il en est autrement de l'époque à laquelle nous arrivons.

Vers cette année 1271, peut-être en cette année même, JACQUES *de Revigny,* qui n'était déjà plus un inconnu, commença de faire à Toulouse ses leçons de Droit civil et d'écrire les ouvrages qui lui ont valu pendant plusieurs siècles une célébrité dont les historiens les plus récents et les mieux informés tiennent grand compte (1).

(1) Voir Savigny, *Histoire du Droit au moyen âge,* t. 4. — Victor Leclerc, *Histoire littéraire de France,* tom. 20.

Jacques *de Revigny* était né en 1210 (2), dans la petite ville de ce nom, qui appartenait alors à la Lorraine, et qui est aujourd'hui un chef-lieu de canton du département de la Meuse, à quelques lieues de Bar-le-Duc.

On ne sait rien de sa famille, ni de sa jeunesse.

A un âge qu'on ne fixe pas, ses premières études étant terminées, il alla en Italie à Bologne, où il suivit les cours de l'Université, et eut parmi ses maîtres Jacques Balduini (3). Après y avoir subi les épreuves et pris les grades suivant la coutume, il occupa une chaire de Droit civil à Bologne même, ou peut-être dans quelque autre ville d'Italie. Certains auteurs ont désigné Ravenne : mais il ne faut voir là qu'une conjecture tirée de son nom tant soit peu altéré. Quelle que soit la ville où il ait enseigné, il obtint certainement un succès qu'il dut principalement à sa méthode, qui alors était nouvelle.

Elle consistait dans l'application des formes de la dialectique scholastique à la jurisprudence.

Jusqu'à ce temps, en effet, le corps du Droit civil ou romain, qui s'était répandu successivement et lentement en Europe, n'avait été l'objet que de commentaires ou de *gloses*. Les professeurs et les auteurs, dans leurs leçons et dans leurs écrits, se proposaient uniquement de lire ou de donner exactement le texte de chaque livre, d'en interpréter les mots, d'en expliquer le sens, d'en exposer la doctrine et d'en tirer un système

(2) Nous lisons dans l'*Histoire littéraire de France* qu'il naquit vers l'an 1230. C'est une erreur évidente, peut-être typographique. En effet, nous lisons dans le même article, quelques lignes plus bas, que Jacques de Revigny fut, à Bologne, le disciple de Jacques Balduini. Or celui-ci, qui commença de professer en 1213, mourut en 1235. Comment aurait-il pu enseigner le Droit à un tout petit enfant à peine né ?

(3) Jacques Balduini, c'est-à-dire Jacques fils de Baudouin. Il était de Bologne et fut nommé professeur à l'Université de cette ville, en 1213. Sa grande célébrité l'ayant fait nommer, en 1229, podestat de la République de Gênes, ses leçons furent interrompues pendant deux ans. Il mourut en 1235. (Savigny, *Histoire du Droit romain au moyen âge*, t. 4, p. 114-18.)

Jacques de Revigny, dans une de ses *Repetitiones* sur la loi *Jubere caveri*, dit qu'il fut disciple de ce Jacques Balduini de Bologne : *Ista dixit Dominus meus Jacobus de Bolonia.* Il devait alors être âgé d'environ 25 ans.

dogmatique. Ils forment ce qu'on a nommé l'*Ecole des glossateurs*, qui précéda toutes les autres.

Mais quelques-uns à cette époque voulurent faire autrement et dans un certain sens davantage. Ils étudièrent moins le texte que les gloses, dont Accurse donna le recueil devenu célèbre sous le nom de grande glose, glose ordinaire, ou simplement glose (4). Ils employèrent la méthode syllogistique ou d'argumentation pour exposer les diverses opinions auxquelles le texte et surtout la glose pouvaient donner lieu, pour réfuter celles qui leur paraissaient erronées et pour prouver celles qu'ils adoptaient comme la seule vraie (5).

Jacques de Revigny fut un des premiers et le plus célèbre d'entre eux. « Personne au monde, a dit un autre maître qui » put recueillir le témoignage de ceux qui l'avaient entendu, » n'était plus habile ni plus fort que lui dans la lutte (6). »

(4) Accurse, qui mourut vers l'an 1260, à l'âge de soixante-dix-huit ans, dont quarante comme professeur de Droit à Bologne, travailla à sa glose pendant une grande partie de sa vie et surtout pendant sa vieillesse. (Voir le jugement de Savigny sur cette glose, t. 4, ch. 42, p. 145-52.)

Jacques de Revigny suivit certainement ses leçons et devint probablement son collègue.

(5) « Plusieurs glossateurs avaient bien employé déjà les formes de la dialectique scholastique avec plus ou moins de succès; mais alors l'usage en devint général et exclusif... Il y eut, en outre, cette différence que la glose fit la base de toutes les leçons des nouveaux maîtres, tandis que les anciens glossateurs prenaient les textes eux-mêmes pour objet exclusif de leurs travaux. » (Savigny, id., ch. 47, p. 200, 202.)

(6) *Non erat in mundo adversarius durior nec subtilior*, a dit Cinus dans sa *Lectura in Codicem*, cité par Savigny, id., ch. 46, p. 194.

Cinus, né en 1270, élève de François fils d'Accurse, docteur de l'Université de Bologne, professeur de Droit en diverses villes d'Italie, premier maître de Bartole à l'Université de Perugia, de 1328 à 1333, mort en 1336, cite souvent les opinions de Jacques de Revigny dans cette *Lectura in codicem*. Il dit même dans sa Préface qu'il s'était proposé dans cet ouvrage de faire connaître les opinions des jurisconsultes modernes; et ces jurisconsultes sont surtout Jacques de Revigny et Pierre de Belle-Perche qui fut un de ses élèves à Toulouse. Cinus était lui-même très-fort dans l'emploi de la dialectique et très-subtil jusqu'à l'abus, au jugement de Savigny. (id., ch. 50, p. 215.)

C'est en s'appuyant sur le témoignage de Cinus qu'un autre auteur, Caccialupus a écrit: *Jacobus de Ramgnei* (pour Ravignei), *provinciæ lotharingiæ, egum professor... scripsit super Dignestum vetus et Codicem et multa simpliciter tradita a majoribus reduxit ad dialecticum arguendi modum, ut per Cinum in lectura...* (Id,, ch. 46, p. 193.)

Après un long séjour en Italie, il revint en France et commença peut-être par enseigner à Orléans (7). Mais il ne tarda pas à venir à Toulouse, où il se fixa vers l'an 1270 à 1272, et où il enseigna jusqu'à l'année 1289 : époque à laquelle il fut rappelé dans son pays de Lorraine, pour occuper l'évêché de Verdun.

Dans l'une des premières années de ce long enseignement à Toulouse, il eut une occasion restée célèbre de montrer sa grande habileté dans l'argumentation. François, fils d'Accurse, étant de passage dans cette ville, y fit quelques leçons, suivant un usage assez généralement adopté par les professeurs en voyage. Dans l'une de ces leçons, il traita la matière des intérêts dont il est question dans une loi du Code; mais Jacques de Revigny combattit l'interprétation qu'il proposait; et l'on dit que François Accurse fut bien embarrassé pour lui répondre (8).

Les leçons de Jacques de Revigny embrassèrent tout le corps

(7) L'étude du Droit était alors florissante à Orléans, quoiqu'il n'y eût point encore d'Université régulièrement instituée. Elle ne le fut que plus tard, en 1306, par une bulle du pape Clément V, dans laquelle il ordonne (détail digne d'attention !) que cette Université soit établie sur le modèle de celle de Toulouse : *Ut doctores et scholares in dicto aurelianensi Studio nunc et in posterum immorantes habeant Universitatem et Collegium regendum et gubernandum* AD MODUM UNIVERSITATIS ET COLLEGII GENERALIS STUDII TOLOSANI... (Du Boulay, t. 4, p. 101.)

(8) Franciscus Accursii était le fils d'une première femme d'Accurse, qu'on surnomme quelquefois le *Grand*, le *Grand glossateur*, et qui, donnait de son nom cette étymologie ambitieuse : ACCURSIUS, *honestum nomen, dictum quia* ACCURRIT *et succurrit contra tenebras juris civilis.*

François était né à Bologne, en 1225 Il y professait le Droit en 1270, dix ans après la mort de son père. En 1273, Edouard Ier, roi d'Angleterre, passant par Bologne à son retour de la Terre-Sainte, l'attacha à son service. C'est en allant de Bologne en Angleterre que François s'arrêta quelques jours à Toulouse, et qu'il eut avec Jacques la *disputatio* dont le souvenir s'est perpétué.

L'*Histoire de Languedoc* (liv. 24, § 51) confond cette leçon de François Accurse avec un enseignement ordinaire, et elle le place en l'année 1227, quand François n'avait que deux ans.

Bayle, dans son Dictionnaire, au mot Accurse, dit aussi que François enseigna le Droit à Toulouse, et de plus, il dénature complétement la *disputatio* entre les deux professeurs. (*Hist. litt*, t. 20, p. 505.)

du Droit civil mêlé au Droit canonique et à d'autres questions encore, s'il faut en juger par la liste de ses ouvrages qui n'étaient sans doute que la reproduction de ses leçons. *(Voyez plus bas.)*

Mais tous ces ouvrages sont restés inédits. Les manuscrits eux-mêmes en sont presque tous perdus. L'auteur de l'article qui lui est consacré dans l'*Histoire littéraire de la France* n'en a connu qu'un seul de soixante-un feuillets, intitulé *Repetitiones super Digesto veteri et super Codice*, comme égaré au milieu de divers commentaires réunis à ceux de Belle-Perche. D'autres fragments épars dans quelques manuscrits ou allégués par d'autres interprètes du Droit étaient tout ce que Savigny déclarait en avoir vu (9).

Nul ne peut donc aujourd'hui juger par lui-même du mérite absolu de cet illustre maître. Quant à son mérite relatif, il faut nécessairement s'en rapporter à l'autorité de ceux qui ont pu l'entendre et profiter de ses leçons, ou au témoignage de ceux qui ont recueilli une tradition assez fraîche et assez vive encore de ses succès dans l'exposition et la discussion des textes.

Ainsi Jacques de Revigny a eu la même destinée que plusieurs hommes célèbres dans la théologie, la médecine et la jurisprudence, qui ont certainement fait beaucoup pour l'instruction de leur siècle et même pour le progrès de la science, mais dont l'enseignement, faute d'avoir été perpétué par des écrits qui aient continué de porter leur nom, est allé se perdre et se confondre dans les ouvrages de leurs disciples.

Il est probable que sa méthode et au moins quelques-unes de ses opinions trouvèrent des adversaires et des contradicteurs. Il est certain qu'elles eurent un grand nombre de partisans et de sectateurs, et qu'elles exercèrent une remarquable influence sur ses contemporains et sur ceux qui leur succédèrent pendant de longues années.

A ses divers mérites, Jacques de Revigny joignait une vive piété. Quand il était le plus embarrassé de quelques questions

(9) Savigny, *loc. cit.*, p.

de Droit, il en demandait l'explication par d'instantes prières. Un de ses élèves a raconté qu'une fois où il se désolait d'avoir cherché inutilement la solution d'une antinomie qui avait embarrassé le grand Accurse lui-même, et où il désespérait de la trouver par ses seules lumières, il s'adressa à la Sainte-Vierge : il passa toute une nuit, sans sommeil, prosterné devant son autel, la priant et la suppliant de lui révéler la solution cherchée. Sa prière, ajoute-t-il, fut exaucée à la fin de cette nuit (10).

Nommé évêque de Verdun en 1289, Jacques de Revigny en exerça les fonctions jusqu'à sa mort, qui arriva en 1296, à Florence, dans un dernier voyage qu'il faisait à Rome, pour y traiter de nombreuses difficultés qu'il trouvait dans l'administration de son diocèse.

Voici la liste des ouvrages qu'on lui attribue.

Neuf livres sur le *Code*;
Vingt-quatre livres sur le *vieux Digeste* :
Douze livres sur le *nouveau Digeste*;
Quatorze livres sur l'*Infortiat*;
Un livre sur les *Institutes*;
Un livre sur les *Authentiques*;
Une somme des *Fiefs*;
Des dissertations sur divers sujets;
Un Dictionnaire du Droit, avec ce titre ambitieux : *Lumen ad revelationem gentium*.

Tous ces ouvrages, à l'exception du dernier, n'étaient sans doute que les leçons orales de Jacques de Revigny, rédigées par lui-même, ou recueillies et rédigées par ses élèves, comme celles d'Odofrdus qui fut aussi élève de Jacques Balduini, puis professeur à Bologne, comme celles d'Azo, le maître de Jacques Balduini et celles d'autres.

(10) Cette anecdote racontée par Pierre de Belle-Perche, élève de Jacques de Revigny, *regarde bien celui-ci et non pas Jacques Balduini, comme l'a cru M. de Savigny*, après beaucoup d'autres, malgré une excellente observation de Sarti sur cette ressemblance de nom. (*Hist. litt*, article cité, t. 20, ps 508.)

Savigny dit que les fragments que l'on en trouve dans quelques manuscrits n'ont rien qui les distingue des autres ouvrages de la même époque.

Victor Leclerc parlant des fragments manuscrits qu'il a trouvés à la Bibliothèque de Paris, intitulés *Repetitiones super Digesto veteri....* avec le seul nom de *Dominus Jacobus*, dit:
» Ces fragments commencent par les mots *Ex jure gentium*
» et par de longues réflexions sur le droit des gens. Mais à tout
» moment, dans le cours du recueil, la jurisprudence cano-
» nique se trouve mêlée, comme on doit s'y attendre, avec les
» principes et le langage de l'ancien Droit romain. La rubrique
» *Causa quæ fit cum monacho* est précédée et suivie de discus-
» sions toutes profanes. »
Nous n'avons rien à ajouter.

CHAPITRE SECOND.

Suite de la Faculté de Droit. — Professeurs ès-lois et ès-décrets, de 1271 à 1298. — Bertrand de Montaigu.

Parmi les professeurs qui purent être à Toulouse les collègues de Jacques de Revigny avant l'année 1288 et ceux qui ensèignèrent dans les années suivantes, nous ne trouvons que quelques noms avec de courtes indications ou même seuls.

D. ALBAIN était docteur ès-lois. Le 8 octobre 1271, il assista, dans le cloître des Frères Prêcheurs, à la prestation du serment des consuls et des principaux habitants de Toulouse, par lequel ils reconnaissaient le roi Philippe le Hardi pour leur seigneur immédiat. Dans l'acte qui en fut dressé, sa signature précède celles des consuls. « Ce qui semblerait indiquer, dit M. Ro-
» dière, que les professeurs de l'Université avaient alors sur
» les Capitouls uue sorte de préséance (1). »

(1) Dominus Albanus, *doctor legum.* — Voir *Annales de Lafaille*, t. 1. *Preuves*, p. 5, — Rodière, *Recherches sur l'enseignement du Droit à Toulouse*, dans les *Mémoires de l'Académie de législation*, t. 9, p. 253.

*** *de Miremont* était aussi docteur ès-lois, professeur du Droit civil. On raconte qu'en 1273, il fit les fonctions de procureur général au Parlement qui fut tenu cette année, au nom du roi Philippe le Hardi, dans l'abbaye de Sorèze, dite abbaye de la Paix (2).

Deodat Robert, Jean Isarni, Pierre Mascaron et Sanche Ducros sont signalés comme des docteurs en droit, qui furent juges dans un procès que les syndics de la province intentèrent à Eustache de Beaumarchais, sénéchal de Toulouse, et sur lequel il fut statué à Carcassonne en 1283 (3).

Ces noms de Robert et de Ducros se lisent dans la liste des Capitouls des siècles suivants (4) ; ceux d'Isarn et de Mascaron se trouvent fréquemment à toutes les époques et appartiennent à des familles plus illustres : entre autres un Isarn de Saint-Paul était chancelier de l'église de Toulouse en 1290 ; et Hugues Mascaron fut évêque de Toulouse, de 1285 à 1296 (5). Ces

(2) *Annales de Lafaille,* à cette année, p. 4-5. Il rapporte ce fait d'après la chronique de Bardin, dont l'autorité est un sujet de controverse. L'*Histoire de Languedoc* la récuse et soutient que le Parlement de Toulouse ne fut institué par le roi Philippe le Bel qu'en l'année 1280. Mais cela n'empêche pas qu'en 1273, une réunion de juges ait pu avoir lieu à Sorèze, par ordre du Roi, pour juger certaines affaires et que les fonctions équivalant à celles de procureur général aient été confiées à un professeur de Droit civil, *** de Miremont. (Voir l'*Hist. de Langued.*, liv. 27, note 19, § 8 et suiv.)

La désignation *de Miro monte,* de Miremont ou Miramont, revient souvent. L'évêque de Toulouse, mort en 1270, était Raymundus de Falgario *de Miromonte.* Le professeur de Droit civil dont on ne donne ici que le surnom pouvait être de sa famille en même temps que du pays.

(3) *Annales de Lafaille,* à cette année, p. 13. Il rapporte encore ce fait d'après la chronique de Bardin, que l'*Histoire de Languedoc* refuse toujours de croire (*id. id.*) ; mais elle admet le fait d'un Parlement tenu cette même année, à Carcassonne, au nom du Roi, par des Maîtres ; seulement il s'agit d'autres affaires.

Ces Maîtres, qu'elle ne nomme pas, purent être ceux que Bardin nomme, même en supposant qu'il se trompe sur le reste.

(4) Furent Capitouls, un Pierre Robert, en 1388, 1396, 1407 ; un Jean Robert, licencié, en 1513 ; un Guillaume Ducros en 1431 ; un Jean Ducros, en 1469, et un Pierre Ducros, licencié en 1510.

(5) Sur le nom de Mascaron, Percin donne cette explication, *Monumenta,* p. 66 : *Quinor nomen de Mascaron provenisse a loco de La Mascaire cujus toparchia dominabatur urbibus et locis d'Auterive, de Xinte-Gabelle, de Miramont, del Vernel, de Beaumont, de Grepiac, pluribusque alliis.* Il ajoute que la famille de Falgar était aliée

quatre docteurs en droit étaient bien vraisemblablement Toulousains (6).

En cette même année 1283, au mois de juillet, Philippe le Hardi, venu de Toulouse à Carcassonne, y fit tenir un Parlement. Les *Maîtres*, qui le tinrent par son ordre, s'occupèrent, entre autres affaires, de la réclamation des Consuls de Béziers qui demandaient que les clercs mariés et ceux qui non-mariés exerçaient quelque art mécanique ne fussent pas exemptés de la taille ni des autres impôts, sous prétexte que, portant la tonsure, ils appartenaient au clergé et devaient jouir de ses priviléges (7). Il est naturel de supposer que ces *Maîtres* étaient les quatre docteurs en droit que l'on dit avoir pris part au jugement d'Eustache Beaumarchais. Nous ne savons rien de plus sur eux.

Un professeur beaucoup plus connu est ARNAUD NOVELLI (8). Il naquit à Saverdun ou aux environs, petite ville qui appartenait alors au comté de Foix et qui est aujourd'hui un chef-lieu de canton de l'arrondissement de Pamiers, dans le département de l'Ariége. Sa famille paraît avait été l'une des plus distinguées de ce pays.

Il suivit les cours de l'Université de Toulouse et s'appliqua particulièrement à l'étude du droit. Il y fit, dit-on, de rapides progrès, et devint assez promptement docteur et professeur

---

à celle de Mascaron, de sorte que l'évêque Hugues de Mascaron était parent de Raymond de Falgar : *Familiam de Falgario sanguini de Mascaron junctam fuisse constat ex antiquissimis manuscriptis fide dignissimis. Hugonem de Mascaron prima pietatis et doctrinæ hausisse rudimenta sub disciplinâ Raymundi de Falgario ipsi affini pro certo habetur.* Ainsi le docteur en droit Mascaron pouvait être parent de l'autre docteur *** de Miremont, et tous deux étaient de la famille des évêques Raymond de Falgar et Hugues de Mascaron.

(6) « Il est vraisemblable que tous ces docteurs étaient des docteurs de l'Université » de Toulouse ; d'autant plus que, Montpellier appartenant alors au roi d'Aragon, il » n'est pas à croire qu'un roi de France eût choisi des commissaires dans cette der- » nière Université. » (Rodière, *loc. cit.*, p. 255.)

(7) *Hist. de Lang.*, liv. 27, § 72. Cette affaire des clercs mariés et des clercs non-mariés artisans, prétendant jouir des priviléges du clergé, a été la matière de nombreux et fréquents débats. Les *Maîtres* ne la décidèrent qu'en partie à Carcassonne ; ils se réservèrent de pourvoir au reste quand ils seraient à Toulouse.

(8) Voir l'*Hist. de Lang.*, liv. 29, § 34 , et note 3.

ès-lois. Il a ce titre dans un acte auquel il assista comme témoin avec plusieurs autres personnes distinguées du comté de
Foix, en 1286 (9).

En 1288, il déposa dans une enquête qui se rapportait ma-
nifestement à cet acte (10). Dans cette enquête, Arnaud
Novelli a le titre d'official de Toulouse. Mais il ne paraît pas
qu'il eût cessé pour cela de professer à l'Université.

Postérieurement à cette année, mais sans qu'on puisse fixer
l'époque, il se fit moine de l'abbaye de Bolbonne, de l'ordre
de Citeaux. Il continua encore d'être professeur ès-lois et même
en l'un et l'autre droit civil et canonique; car on lui donne ce
titre dans un acte du mois de septembre 1297 (11).

Le collége de Bolbonne à Toulouse ayant été fondé vers ce
temps, on peut supposer qu'il en eut la haute direction (12).

Dans la même année 1297, mais au mois de novembre,
Arnaud Novelli était devenu abbé de Fonfroide, aux environs
de Narbonne, comme on l'apprend certainement par un acte
fait en sa présence le 7 de ce mois (13). Il dut cesser alors de
professer.

Neuf ans après, en 1306, le pape Clément V, qui le connais-
sait personnellement, l'appela auprès de lui, le nomma vice-
chancelier de l'Eglise romaine et l'employa en diverses affaires.

(9) Cet acte était l'émancipation faite par Gaston, vicomte de Béarn, de Marguerite,
sa fille puînée, femme de Roger Bernard, comte de Foix, qui y donna son consentement. (Id. id.)

(10) Il s'agissait de statuer sur les engagements que Roger Bernard avait pris
avec Gaston, son beau-père, de payer la somme de 20,000 livres tournois à sa
décharge. (Id. id.)

(11) C'est la déclaration par laquelle frère Bertrand de Clermont, inquisiteur,
dénonce comme calomnieuse l'accusation d'hérésie portée par un moine de Bolbonne,
contre Roger et son fils Roger-Bernard, comtes de Foix, et les proclame l'un et l'autre
bons catholiques : *Actum fuit hoc in hospitio inquisitorum Tolosæ,.. in præsenti.
Domini Arnaldi Novelli, cisterciensis ordinis, utriusque juris professoris...* (V. l'acte
dans l'*Hist. de Lang.*, liv. 28, preuves no 203.)

(12) Sur le collége de Bolbonne, voir plus bas, ch. 6.

(13) C'est la sentence arbitrale rendue en ce jour par Gui de Levis, seigneur de
Mirepoix, au sujet du différend qui s'était élevé entre Roger Bernard, comte de Foix,
et Bernard Saisset, évêque de Pamiers, touchant le pariage de cette ville. *Hist.
de Lang.*, liv. 28, no 44 et la note citée : *Acta fuerunt hæc in præsentia et testimonio. D. Arnaldi Novelli abbatis monasterii Fontis frigidi.*

Il le créa cardinal en 1310, et l'envoya deux ans après, en 1312, légat en Angleterre.

Arnaud Novelli en revint à la fin de l'an 1313, et mourut à Avignon, le 14 août 1317.

Il fut donc un personnage considérable de ce temps, dans l'Eglise et même dans l'Etat. On peut en conclure légitimement qu'il fut un professeur distingué et même éminent dans l'Université de Toulouse; mais on n'en a pas d'autres preuves plus directes.

Dans l'acte du 7 novembre 1297 que nous venons de citer, à côté du nom d'Arnaud Novelli, se trouvent ceux de GUILLAUME *de Dunhac* et de YVES *de Landevenech*, qualifiés professeurs ès-lois (14). C'étaient peut-être des collègues d'Arnaud : nous n'avons rien de plus à dire d'eux.

A la fin de l'année précédente ou au commencement de celle-ci, GUILLAUME DURANTI (15), le neveu de celui qu'on a surnommé *Speculator*, dut quitter l'Université pour être, dans l'évêché de Mende, le successeur de son oncle mort à Rome, le 1er novembre 1296.

Il était né sans doute comme celui-ci à Puymisson, dans le diocèse de Béziers. Il dut faire ses études à l'Université de Toulouse où il prit ses grades, et devint docteur ès-décrets. A une époque qu'on ne peut fixer, il fut recteur et donna ses soins à la réforme de plusieurs abus. Quelques-uns des statuts faits sous lui et par lui à cette époque furent renouvelés en 1324 (16).

(14) *In præsentia et testimonio... D. Guillelmi de Dunhaco et D. Yvonis de Landevanacho legum professorum.*

(15) Guillelmus Durandi, Duranti ou Durantis, c'est-à-dire Guillaume fils de Durand ou Durant. Notre manuscrit porte *Durandi*. Un Bertrand Durand était capitoul en 1282 ; un Pierre Durand, en 1288; un Guillaume Durand, damoiseau, en 1315 et 1348. Ce nom de Durand revient fréquemment dans la liste des Capitouls de ce quatorzième siècle et du quinzième. Le dernier nommé Claude Durand, en 1481, était bachelier en Droit civil. — Sur Guillaume Duranti, l'oncle, voir plus bas, ch. 4.

(16) Voir ces statuts plus bas à l'époque indiquée. Il y est dit que le Recteur qui les publia déclara qu'ils avaient été précédemment rédigés et publiés par Guillaume Durandi, docteur ès-décrets et recteur : *per Dominum Guillelmum Durandi doctorem decretorum ac rectorem tunc Studii tolosani.* M. Rodière (dans son Mémoire cité) a cru qu'il s'agissait ici de Guillaume Duranti *speculator*. Mais tous les événements bien connus de la vie de celui-ci sont en opposition avec cette conjecture.

Il n'était pas encore promu aux ordres sacrés en 1296 ; mais cette considération n'empêcha pas Boniface VIII de le nommer évêque de Mende. Ce pape voulut, dit-on, par cette nomination, récompenser dans le neveu les services que l'oncle avait rendus au Saint-Siége. On a pu ajouter que, par ses vertus et par sa science dans l'un et l'autre droit, ce neveu d'un homme éminent n'était pas indigne de cette haute récompense (17).

Devenu évêque, Guillaume Duranti ne cessa pas de s'intéresser aux Universités en général, et peut-être plus particulièrement à celle de Toulouse. Il continua de désirer et de demander qu'on en réformât les abus et qu'on s'occupât sérieusement d'en améliorer le régime.

Ainsi, le Pape l'ayant invité à lui donner son avis sur la manière de tenir le Concile général qu'il avait convoqué à Vienne pour la Toussaint de l'année 1310 (et qui fut ensuite prorogé au 1er octobre 1311), il lui adressa un Mémoire dans lequel, entre les questions dont on devra s'occuper, il cite celle des Universités (18).

Ce Mémoire d'un évêque, ancien professeur d'Université et recteur, équivaut à un projet de statuts ; il est un signe du temps et de l'homme ; à ce double titre il mérite l'attention de l'histoire.

En résumé, Guillaume Duranti demandait qu'on favorisât le développement des Universités en donnant les moyens d'y venir à ceux que leur pauvreté en empêchait et en récompensant ceux qui les fréquentaient assidûment. Il demandait aussi qu'on en réformât les études et certaines habitudes, c'est-à-dire le système d'instruction et l'éducation.

1° Qu'on réserve donc la dixième partie des bénéfices pour l'entretien des écoliers pauvres dans chaque Faculté ; et qu'on ne donne aucun bénéfice à d'autres qu'à des docteurs, tant qu'il s'en trouvera qui n'en soient pas pourvus dans chaque diocèse.

(17) *Hist. de Lang.*, liv. 28 § 25

(18) Ce mémoire est intitulé : *De modo celebrandi concilii generalis.* Il a été imprimé pour la première fois, à Lyon, en 1531 ; une seconde édition, considérée souvent comme la première, a été faite en 1545. Une analyse s'en trouve dans l'*Histoire ecclésiastique* de Fleury, liv. 91e, et dans l'*Histoire de l'Eglise gallicane,* liv. 36e.

2° Qu'on cesse, dans les études, de négliger l'essentiel pour courir après de vaines subtilités et de préférer les gloses et d'autres écrits aux textes originaux. Qu'on cesse aussi de négliger la pratique utile pour se perdre dans des théories au moins oiseuses (19). Qu'on fasse composer par des gens habiles de courts et solides traités, dans lesquels les hommes qui sont appelés à conduire les autres puissent apprendre exactement et en peu de temps les détails et l'étendue de leurs devoirs.

3° Qu'on cesse enfin de tolérer certaines habitudes mauvaises, trop répandues partout, comme les parades de vanité, les folles dépenses, les repas de fêtes, les divisions, les brigues, etc. (20); toutes choses qui détournent les écoliers, les empêchent de s'appliquer à l'étude et qui font trop souvent qu'après bien des années passées dans les écoles, plusieurs retournent ignorants dans leur pays, même avec le titre de docteur.

Dans ce même Mémoire, l'auteur s'occupait des études dans les couvents : il demandait aussi qu'on y introduisît plusieurs réformes, et qu'on ramenât les moines à la solide manière d'étudier et de raisonner, et par là à celle de prêcher (21).

(19) Guillaume Duranti, *speculator*, était surnommé le *Père de la pratique*. Le neveu se montrait ici, comme l'oncle, ami de la *pratique*. — Dans le paragraphe qui suit, il rappelle encore davantage le souvenir de cet oncle. Car, parmi les hommes qui sont appelés à conduire les autres, il place spécialement les curés pour qui il voudrait un livre facile à entendre, contenant les canons pénitentiaux avec une instruction pleine touchant l'administration de la pénitence et des autres sacrements, etc. Or un tel ouvrage se trouve, par digression, dans le *Repertorium juris canonici* de Duranti Speculator, au cinquième livre, sous le titre *de Pœnitentiis et Remissionibus*.

(20) Ces habitudes avaient été déjà l'objet de plusieurs plaintes et de divers statuts ; elles le furent encore dans la suite ; mais elles persistèrent quand même.

(21) Guillaume Duranti demandait encore de nombreuses et importantes réformes dans tout le clergé, dans les prélats et dans la cour pontificale. — Il déplorait l'incontinence générale des prêtres et proposait, pour la prévenir, « de leur permettre le » mariage, comme dans l'Eglise grecque. » Il se plaignait de ce qu'on laissait établir des lieux infâmes près des églises, même aux portes du palais du Pape, et « de ce » que son Maréchal tirait un tribut des femmes prostituées. » Il se plaignait surtout « de la simonie qui régnait en la cour pontificale où l'on exigeait des prélats, qui y » étaient promus, certaines sommes qui se partageaient entre le Pape et les Cardi- » naux ; et le prétexte de ces exactions était l'expédition des lettres, les salaires des » curseurs, des huissiers et des autres officiers, etc. » (Fleury, *loc. cit.*)

Le Pape et le Concile, occupés d'autres affaires dont quelques-unes étaient très-importantes, ne statuèrent rien sur
celles-ci.

Deux ans après que Guillaume Duranti eut quitté la Faculté
de Droit pour l'évêché de Mende, c'est-à-dire en 1298, au mois
de novembre, nous trouvons que GAUVAIN *de Bons-Conseils*,
docteur ès-lois, exerçait les fonctions de juge-mage à Toulouse.
C'est le titre qu'on lui donne dans l'acte par lequel Guichard
de Marchial somma le comte de Foix de lui remettre le château
de Captioux dans le Gavardan. Mais c'est tout ce que nous
savons de lui (22).

A côté de ces hommes inégalement connus, et dans toutes ces
mêmes années de 1271 à 1295, un autre, qui appartenait aussi
à l'Université comme docteur ès-décrets, mais qui ne professait plus, joua un grand rôle en rapport avec sa science de
jurisconsulte et son talent d'homme très-éloquent. C'était BER-
TRAND *de Montaigu*, abbé de Moissac, que nous avons déjà
nommé (liv. 2, ch. 4).

En 1271, il fut de ceux qui, le 19 septembre, accompagnaient
Guillaume de Cohardon et Jean de Crany, commissaires de
Philippe le Hardi, quand ils sommèrent les consuls de Toulouse,
assemblés dans le palais du château Narbonnais, de prêter
serment de fidélité au Roi comme à leur seigneur (23).

En 1277, il fut encore de ceux que les commissaires envoyés
par le Roi pour réformer la justice dans les sénéchaussées de
Toulouse et d'Agen consultèrent avant de rendre leur ordon-
nance (24).

---

(22) *Galbanus* ou *Galvanus de Bonis Consiliis.* V. l'*Hist. de Lang.*, liv. 28, § 54,
qui l'appelle Galvan de Bons-Conseils. A l'époque où l'Université fut fondée, un
autre Gauvain était un personnage célèbre chez les hérétiques, contre qui s'exerça le
zèle du premier maître en théologie, Roland de Crémone. Voir ci-dessus, fragm. 1.
ch. 3. Le docteur ès-lois de 1298 était-il un de ses descendants ?

(23) *Hist. de Lang.*, liv. 27, § 1. La cérémonie à laquelle assista le docteur en droit
Albain (voir ci-dessus), qui put être collègue de Bertrand, n'eut lieu qu'environ
trois semaines après, le 8 octobre, dans le cloître des Frères prêcheurs. (Id., § 3.)

(24) *Hist. de Lang.*, id., § 43.

En 1283, lorsque les consuls de Toulouse présentèrent au Roi le cahier des coutumes de leur ville, en demandant qu'elles fusssent constatées par écrit, « homologuées et rendues authen- » tiques, afin qu'à l'avenir elles eussent forme de loi et n'eus- » sent besoin d'aucune preuve, » c'est à Bertrand de Montaigu, *qui passait pour un des plus savants jurisconsultes de son temps*, que fut confié le soin de les examiner, avec le concours d'Eus- tache de Beaumarchais, sénéchal de Toulouse, et en son absence avec celui d'Etienne de Mortel, juge-mage de la même ville (25).

Enfin, lorsqu'en 1287 le roi Philippe le Bel rétablit le Par- lement de Toulouse que son père avait établi en 1280, et qui depuis avait été supprimé ou interrompu, c'est à Bertrand de Montaigu qu'il en donna la présidence (26). Il la lui maintint peut-être jusqu'à sa mort, 1295.

Si, comme on le rapporte, Bertrand de Montaigu dut ces hautes missions et fonctions à son titre de docteur ès-décrets,

(25) *Hist. de Lang.*, id., § 75. Lafaille, *Annales*, à l'année 1283, p. 13. Eustache de Beaumarchais, qu'on nomme ici, est le même à qui les syndics de la province inten- tèrent un procès, et dont les juges furent Deodat Robert, Jean Isarni, Pierre Mascaron et Sanche Ducros, docteurs en droit. (Voir ci-dessus.) L'absence d'Eustache de Beaumarchais, qu'on mentionne ici, s'expliquerait par son procès.

(26) *Hist. de Lang.*, liv. 28, § 4. — Nous avons plusieurs arrêts prononcés par ce Parlement, sous la présidence de Bertrand de Montaigu. En voici deux qui se rap- portent à des traits de mœurs de cette époque.

1. « Un criminel s'étant réfugié dans l'église de Nazaret de cette ville (Toulouse), les Capitouls qui lui faisoient le procès l'en firent arracher; et l'ayant fait conduire dans leurs prisons, le mirent à la torture pour lui faire avouer son crime. Le cha- pitre de S. Estienne, à qui cette église a toujours appartenu, se plaignit du violement de l'asyle aux Commissaires du Roy qui tenoient alors le Parlement dans Toulouse. Il fut ordonné que les Capitouls remettroient le prisonnier dans l'Eglise. L'arrêt portait en termes exprès qu'il lui était permis d'y manger et dormir. » Lafaille, *An- nales*, à l'année 1288. *Hist. de Lang.*, liv. 28, § 7. Les commissaires, tenant pour le Roy le Parlement de Toulouse, étaient Bertrand de Montaigu, président, Laurent de Voisins et Pierre de la Chapelle.

2. « Le roi Philippe le Bel, dans le voyage qu'il fit dans la province en 1288, passa à Carcassonne où il fit son entrée avec la reine Jeanne sa femme. Les habitants s'engagèrent dans de grandes dépenses à cette occasion, et lui firent un don. » Les clercs tonsurés refusèrent d'y contribuer. Les consuls de la ville demandèrent au contraire qu'ils y fussent obligés. Les mêmes commissaires, tenant pour le Roy le Parlement de Toulouse, rendirent un arrêt en leur faveur. (*Hist. de Lang.*, id., § 6, et *Preuves*.)

professeur de l'Université, renommé pour sa science et son talent de parole, on peut croire que l'Université à son tour en reçut plus d'honneur et de réputation, peut-être même d'émulation.

CHAPITRE TROISIÈME.

Suite de la Faculté de Droit. — Pierre de Belle-Perche.

Entre ceux qui furent les élèves et les disciples de Jacques de Revigny, adoptant sa méthode d'enseigner et continuant son école, le plus célèbre fut PIERRE *de Belle-Perche*, dans le Nivernais (1). Nous devons parler de lui parce que l'Université de Toulouse le revendique comme lui ayant appartenu, d'abord à titre d'écolier, ensuite à celui de gradué et de maître, au moins pendant quelque temps. Cette opinion nous paraît très-probable, sinon absolument incontestable (2).

PIERRE *de Belle-Perche* naquit vers le milieu du treizième siècle, sans aucune date plus précise. Le lieu de sa naissance fut l'endroit même d'où il tira son surnom, près de Lucenay, dans le Nivernais (aujourd'hui bourg du département de la Nièvre, non loin de Decise). Sa famille était de condition médiocre et peu distinguée (3).

Nous ne savons rien de ses premières années, sinon que, dans sa jeunesse, il se livra avec ardeur à l'étude du Droit, et

(1) « Au quatorzième siècle, on vit se succéder plusieurs jurisconsultes célèbres qui parurent devoir fonder en France une école nouvelle, et dont les opinions obtinrent beaucoup de crédit en Italie. Ces jurisconsultes avaient un caractère original ; car le plus ancien et le plus célèbre de tous (Pierre de Belle-Perche) adopta les principes de Jacobus de Ravanis (Jacques de Revigny), et contribua plus que lui encore à introduire les formes de la dialectique dans l'étude du Droit. » (Savigny, tome 4, p. 208.)

(2) Voir l'article très-détaillé sur Pierre de Belle-Perche, jurisconsulte, dans l'*Histoire littéraire de France*, t. 25, p. 351-80. Nous en copions textuellement plusieurs passages.

(3) *Petrus de Bella Pertica, de castro Bellæ Perticæ, mediocris generis et fastus parentibus.* Pierre devenu docteur et riche fit bâtir à cet endroit un château qui en garda le nom.

2

qu'il eut pour maître Jacques de Revigny. Mais on n'est pas d'accord sur la ville où il l'entendit et suivit ses leçons ; à Orléans ou à Toulouse ? Si nous avions la date précise de sa naissance, cette question pourrait en recevoir quelque éclaircissement. Car s'il est né en l'année même du milieu du treizième siècle, 1250, ou dans l'une des années suivantes, il n'a pu entendre Jacques de Revigny qu'à Toulouse, où ce maître professa dès 1270 ou 1271. Il fallait avoir au moins vingt ans pour suivre un tel cours. Mais s'il est né avant la moitié de ce treizième siècle, en 1240 ou 1245, il a pu entendre le même maître, d'abord à Orléans et ensuite à Toulouse. Par là se concilieraient les deux opinions (4).

Pierre de Belle-Perche ne prit certainement pas ses grades à Orléans dont l'école, quelque florissante qu'elle fût, ne fut constituée en Université que plusieurs années après, en 1306 (5). Il dut donc les prendre à l'Université de Toulouse ; et c'est là qu'il fit d'abord les leçons ou lectures que les statuts imposaient aux bacheliers, aux licenciés et aux docteurs reçus. Il paraît y avoir aussi enseigné le Droit civil, en qualité de maître, pendant un temps indéterminé, au bout duquel il alla l'enseigner à l'école d'Orléans.

Dans ces deux villes où il professa longtemps et avec distinction (6), il se fit remarquer, disent tous les auteurs qui ont parlé de lui, par son esprit vif, pénétrant et passionné dans la recherche de la vérité. Son habileté consistait surtout à éclaircir les points obscurs du Droit civil et à résoudre les questions les plus embarrassées. Aussi les interprètes du Droit avaient-ils coutume de l'appeler, lui aussi, le *docteur subtil*. En deçà des monts, dit l'historien des évêques d'Auxerre, il était regardé comme le *père des jurisconsultes* : sa réputation

(4) L'*Histoire littéraire* l'adopte, art. cité, p. 352. « Il n'est pas impossible que » Pierre de Belle-Perche ait fréquenté successivement ces deux écoles renommées » (Orléans et Toulouse), et qu'il y ait successivement profité des enseignements du » professeur qu'il se fit toujours gloire de suivre comme son modèle. »

(5) Ci-dessus, ch. 1, note 8.

(6) « Il professa longtemps et avec distinction à Toulouse et à Orléans. » Savigny, *loc. cit.* — Ce que nous ajoutons sur l'enseignement de Pierre de Belle-Perche est copié presque textuellement de l'*Histoire littéraire*, *loc. cit.*, p. 353-54.

s'étendit encore au delà de son vivant et après sa mort, puisque parmi les Italiens, malgré leur dédain habituel pour les étrangers, les plus fameux docteurs, Cino, Balde, Barthole ont admiré son savoir et son esprit.

Il estimait exclusivement le Droit civil qu'il professait, et se montrait fort dédaigneux du Droit canonique. Au lieu de chercher à concilier certaines décrétales avec les lois civiles, il aimait mieux croire que les Papes, par défaut de science, avaient ordonné plusieurs choses contre la raison et la justice. On raconte qu'à ceux qui lui opposaient l'autorité de quelque canon, il répondait d'un ton méprisant : *Transeat cum erroribus canonistarnm;* Qu'il passe avec les erreurs des canonistes.

On ajoute qu'il était d'un caractère opiniâtre, irritable et pourtant disposé à la bienveillance envers tout le monde.

Nous ignorons pendant combien d'années il se consacra entièrement à l'enseignement et à quelles époques il fut nommé chanoine de Bourges, chanoine de Chartres, trésorier de Saint-Grambauld de Senlis, chanoine de Notre-Dame de Paris et doyen de ce chapitre.

Outre sa science de jurisconsulte et son talent de professeur, Pierre de Belle-Perche possédait une habileté politique peu commune. A ce titre, il jouit d'une grande faveur auprès de Philippe le Bel, qui le chargea souvent de missions difficiles et délicates pour lesquelles il fallait autant de dextérité que d'expérience. Une des premières qu'on nomme fut en 1296, dans le Berry et dans l'Auvergne, puis dans le Vermandois, à Lausanne, à Lyon, à Arras. En 1299, il fut envoyé à Montreuil-sur-Mer pour négocier la paix entre les rois de France et d'Angleterre, etc.

Il fut attaché au Conseil du Roi et membre de son Parlement où il siégea comme jurisconsulte clerc dès l'année 1298, et où il signa plusieurs arrêts importants, etc.

S'il ne fut pas chancelier du royaume, comme la plupart des auteurs modernes le disent, il fut du moins pendant quelque temps garde des sceaux, la chancellerie étant vacante à la mort de Pierre de Mornai.

Il aida le Roi de ses avis et de son influence dans ses démêlés avec le pape Boniface VIII, et fit à cette occasion plusieurs voyages en Italie. Dans l'un de ceux-ci, il ne résista pas au plaisir de reprendre au moins un jour ses anciennes fonctions de professeur de Droit. Passant par Bologne, il expliqua publiquement à l'Université la loi du Code *de Sententiâ quæ pro eo quod interest*, etc. Il le fit aux grands applaudissements des auditeurs et en particulier du jurisconsulte Cino qui était présent et qui nous a transmis ce fait.

Il aida encore le Roi dans ses négociations avec les deux successeurs de Boniface VIII, le pape Benoît II, en 1303, et le pape Clément V, en 1305.

En 1306, il fut élu évêque d'Auxerre, mais il n'occupa ce siége que quinze mois, étant mort le 19 janvier 1308, jour de la fête de saint Sulpice (7). Une chronique manuscrite ajoute que cette mort fut subite, en punition du conseil qu'il avait donné au Roi de transférer le chef de saint Louis (8).

Les écrits qui nous restent de Pierre de Belle-Perche semblent presque tous se rapporter au temps où il professait, soit à Toulouse, soit à Orléans: ce sont des œuvres de jurisconsulte: l'homme d'Etat, le négociateur, l'évêque ne s'y montrent nulle part. Ils consistent généralement en des commentaires sur toutes les parties du Droit civil, savoir :

1. *Lectures sur les Instituies*, imprimées pour la première fois en 1514, sous le titre de *Lectura aurea excellentissimi viri ac famosissimi Domini Petri de Bella Pertica super librum institutionum.*

2. *Lectures sur le vieux Digeste*, restées manuscrites.

(7) Les deux derniers vers de son épitaphe disaient :

> *Annis sub mille ter C. septem simul ille ,*
> *Sulpitii festo migravit ab orbe molesto.*

La fête de saint Sulpice est au 19 janvier, et comme l'année commençait alors à Pâques, le 19 janvier 1307 était en réalité 1308.

(8) *Petrus episcopus Autissiodorensis... morte subitanea interiit , quia consuluerat Regi ut transferret caput S. Ludovici...*

3. *Lectures sur le nouveau Digeste*, publiées pour la première fois en 1571.

L'éditeur Vitus Polantus, *doctor in utroque jure*, conseiller du prince Frédéric III le Pieux, électeur palatin, dans son épître dédicatoire, s'étonne qu'un commentaire si utile pour les étudiants et même pour les praticiens soit resté si longtemps inconnu ; et il n'hésite pas à croire que plus d'un jurisconsulte l'a laissé à dessein dans l'obscurité pour le copier impunément.

4. *Répétitions sur le vieux Digeste*, publiées au nombre de treize dans le premier et le second tomes des *Variæ repetitiones in jus civile*, recueil imprimé à Lyon, en 1533, etc.

5. *Répétitions sur le nouveau Digeste*, restées manuscrites.

6. *Lectures et répétitions sur l'Infortiat*, restées manuscrites et éparses et perdues.

7. *Lectures sur le Code*. Elles sont sans contredit son principal ouvrage en ce genre, du moins le plus complet dans toutes ses parties, qui soit venu jusqu'à nous. Elles ont été publiées à Paris, en 1519, sous le titre : *Petri de Bella Perthica juris utriusque professoris subtilissimi lectura insignis et fœcunda super prima parte codicis domini Justiniani...*

8. *Répétitions sur* plusieurs lois du *Code*, éparses çà et là dans le recueil des *Variæ repetitiones* et réunies dans un seul volume, publié en 1571, par le même Vitus Polantus, éditeur des Lectures sur le nouveau Digeste.

9. *Traité sur les fiefs*. Il semble avoir été plutôt composé par un jurisconsulte dans son cabinet que rédigé par un professeur à l'occasion d'un cours public. Il a été imprimé pour la première fois en 1584 à Venise, sous le titre : *Tractatus de feudis domini Petri de Bella Pertica utriusque juris monarchæ.*

10. *Questions sur le Droit*, au nombre de 560, roulant sur toutes sortes de points de Droit fournis par le Digeste ou le Code, traitées brièvement et dans la forme des questions de philosophie. Exemple : *Quæritur numquid æquitas præferatur rigori vel non ?* Elles portent différents titres selon les éditions : *Quæstiones aureæ et singulares : Quæstiones et decisiones aureæ et*

singulares et penitus divinæ: Quæstiones et decisiones aureæ, etc.

11. *Traité de la mise en possession*, imprimé en 1587.

12. *Divers autres traités* qui sont peut-être les mêmes que quelques-uns des précédents sous des titres différents, ou qui sont restés manuscrits, ou qui sont perdus.

A la fin de cette liste, l'*Histoire littéraire*, à qui nous l'empruntons en l'abrégeant, ajoute : « L'énumération qui précède a fait suffisamment connaître la nature et le mérite des différents ouvrages de Pierre de Belle-Perche. Ce sont des commentaires sur le Droit, des commentaires qui ne sont que les leçons orales d'un professeur. Il ne faut donc pas y chercher les agréments du style ni l'intérêt d'une composition originale. Mais si à la sécheresse didactique, à l'uniformité des divisions scholastiques qu'il a mises en usage dans l'enseignement du Droit, à l'exemple des théologiens et des philosophes ses contemporains, l'auteur a su joindre la simplicité, la clarté et une certaine mesure dans un genre qui en manquait souvent, on ne peut rien exiger de plus d'un maître obligé de parler la langue des écoles : et tout en appréciant à leur juste valeur ces commentaires d'un autre âge, qui peuvent cependant offrir encore quelques observations utiles sur la loi romaine, on reconnaîtra qu'ils ne sont pas au-dessus de la réputation de Pierre *de Belle-Perche*, proclamé alors, par la voix publique, le *premier jurisconsulte* de son pays, sinon de son temps. »

En revenant sur la liste de ces commentaires, nous ferons observer, comme on a dû le remarquer déjà, que les uns sont intitulés *Lectures* et les autres *Répétitions*.

En réalité, on ne trouve ici entre les unes et les autres aucune différence sensible, ni pour le mode de procéder, ni pour les développements, ni pour la nature des détails : seulement les questions et les explications ne sont pas toujours les mêmes ; et dans le cas où elles sont les mêmes, les formes du langage sont variées.

Nous verrons plus tard, en étudiant les statuts de l'Université, quelles étaient les principales différences entre ces deux modes d'enseignement ou actes scholastiques.

Sur les unes et les autres, il faut remarquer encore que les ouvrages qui les reproduisent paraissent être de deux espèces, quant à la *rédaction*. Les premiers paraissent avoir été rédigés par le maître lui-même, avant ou après sa leçon, sur les matières qu'il y traitait ; les seconds paraissent plutôt avoir été recueillis pendant la leçon même par des écoliers ou par des auditeurs plus sérieux, commis à cet effet par le professeur lui-même, qui revoyait ensuite leurs copies, et par son approbation leur donnait l'authenticité d'un ouvrage original.

Ces dernières renferment aussi quelquefois des détails qui reproduisent certains incidents de la leçon plutôt que la leçon elle-même et qui sont curieux. En voici un exemple.

Pierre de Belle-Perche expliquait un jour cette loi du Digeste : *Generaliter novimus turpes stipulationes nullius esse momenti* : Les stipulations honteuses n'engagent à rien. Cependant, ajoutait-il, une promesse à laquelle on s'est engagé pour des motifs honteux nous oblige légalement (*ipso jure*) ; mais on peut opposer à l'action qui en réclamerait l'accomplissement une fin de non-recevoir autorisée par une loi du Code pour les stipulations où il y a eu fraude et violence, quoique cette même loi déclare qu'il y a action pour des stipulations de ce genre. Puis vient la mention de cet incident « Ici les écoliers » sifflèrent, parce que cette loi paraissait en opposition avec » l'opinion du maître qui veutqu'une action en justice s'appuie » sur l'équité. » Peut-être aussi le maître leur semblait-il se contredire lui-même : c'était donc bien à lui que s'adressaient les sifflets, s'il ne justifiait son explication. « Alors, dit le » rédacteur de la leçon, notre maître Pierre de Belle-Perche » s'écria : Oui, vous avez raison, si je ne réponds à cette loi » comme pourrait le faire le moindre d'entre vous ; et voici ma » réponse. » Mais on ne nous donne pas cette réponse, et on renvoie au commentaire d'une autre loi qui ne se trouve pas dans le recueil imprimé d'où nous avons tiré ces détails.

Cette anecdote est à la fois un trait des mœurs scholastiques de ce temps et une preuve que les leçons des maîtres n'étaient pas toujours rédigées par eux-mêmes (9).

CHAPITRE IV.

Addition à la Faculté de Droit. — Juristes toulousains, auteurs d'ouvrages de Droit: Guillaume Duranti, surnommé Speculator ; Berenger Fredoli.

A côté des hommes dont nous avons parlé dans les chapitres précédents, et qui furent certainement ou probablement docteurs-régents à la Faculté de Droit de Toulouse, il convient d'en citer deux autres pour qui ni la même certitude, ni les mêmes probabilités n'existent, mais qui se rattachèrent à la même Faculté de diverses manières plus ou moins directes et intimes : Guillaume Duranti, surnommé Speculator, et Berenger Fredoli.

Guillaume Duranti (1) naquit vers 1230 à Puy-Misson, (aujourd'hui commune du canton de Murviel, arrondissement de Béziers, département de l'Hérault,) d'une famille distinguée. Il fit ses premières études dans le pays même, soit aux écoles de Béziers, soit à l'Université de Montpellier et peut-être aussi à Toulouse, où quelques membres de sa famille étaient établis, et où son neveu, du même nom que lui, fut plus tard écolier, docteur-régent ès-décrets et recteur (ci-dessus, ch. 2).

(9) Ce qu'on dit ici en particulier des ouvrages de Pierre de Belle-Perche, intitulés : *Lectures* et *Répétitions* et de leur rédaction, doit être entendu en général de tous les ouvrages de ce temps et des temps suivants, et non-seulement dans la Faculté de droit, mais aussi dans celles de théologie et des arts. Les leçons des professeurs pouvaient même quelquefois être recueillies par des écoliers, sans mission pour le faire. De là l'infinité de Commentaires anonymes sur le droit, la théologie, la logique, la médecine, dont les copies manuscrites encombrent nos bibliothèques.

(1) *Guillelmus Duranti*, *Durandi*, *Durantis*, c'est-à-dire Guillaume, fils de Durand ou Durant. Voir l'article qui lui est consacré dans l'*Histoire littéraire*, t. 20, et dont l'auteur est Victor Leclerc. (*Hist. de Lang*, t. 28, § 25).

Il était à peine âgé de vingt ans (avant 1251) quand il fut pourvu d'un bénéfice de chanoine à la cathédrale de Maguelonne. Quelques années plus tard (vers 1254), il en eut un autre à l'église de Narbonne.

On conjecture qu'il alla vers cette même année assister quelque temps aux leçons de l'Université de Paris : car il a écrit dans un de ses ouvrages qu'il avait vu dans le trésor du roi de France la couronne d'épines, formée selon lui de joncs marins, dont les pointes, ajoute-t-il, ne sont ni moins dures, ni moins perçantes que des épines (2). L'historien de l'Université de Paris nous apprend aussi qu'il y connut Jacques Savelli, qui devint ensuite pape sous le nom d'Honoré IV (3).

Quoi qu'il en soit, il ne tarda pas à passer en Italie, à l'Université de Bologne, où Jacques de Revigny se trouvait peut-être encore (vers 1255). Il y prit ses grades, et, reçu docteur en Droit canonique, il l'enseigna d'abord à Bologne, puis bientôt après à Modène.

Mais il ne suivit pas longtemps cette carrière du professorat. Vers l'an 1265, étant âgé de trente-quatre ans, il fut appelé par le pape Clément IV, originaire comme lui de la France méridionale et son protecteur, aux fonctions de chapelain apostolique et d'auditeur général du sacré palais. Et depuis lors il fut constamment employé dans les affaires religieuses, civiles ou politiques et même militaires de l'Eglise et de la papauté, jusqu'à sa mort, qui eut lieu à Rome, le 1er novembre 1296.

Toutefois, il n'abandonna pas ses études, et il composa plusieurs ouvrages de Droit qui ont rendu son nom plus célèbre que ses actions, et dont l'influence a été grande dans toute l'Europe pendant plusieurs siècles.

Deux sont spécialement importants.

Le premier dans l'ordre du temps et aussi dans celui du mérite

(2) *Et scias quod corona fuit de juncis marinis, sicut eam vidimus in thesauris regis Francorum ; quorum acies non minus spinis duræ sunt et acutæ* (*Rationale,* liv. 6, ch. 77, no 17). On sait que cette couronne d'épines, rachetée des Vénitiens par saint Louis en 1239, faisait partie des reliques de la Sainte Chapelle de Paris, qui fut terminée et consacrée en 1248.

(3) Du Boulay, t. 3, p. 473. *Eum Honorius in scolis parisiensibus norat ejusque doctrinam eximiam et virtutem perspectam habebat.*

fut publié en 1271 (4). Duranti l'avait commencé pendant son professorat à Bologne et à Modène; mais il ne l'acheva que cette année. Il le dédia au cardinal Ottoboni de Fiesque, depuis pape sous le nom d'Adrien IV. Il s'y qualifie de sous-diacre et chapelain du Seigneur pape, le dernier des professeurs ès-décrets, *Domini Papœ subdiaconus et capellanus, inter decretorum professores minimus.* L'ouvrage lui-même est intitulé : *Speculum judiciale*, ou le Miroir judiciaire.

L'objet de ce grand traité pratique de Droit civil et canonique est ainsi expliqué par l'auteur lui-même : « Je veux former
» un miroir judiciaire où les juges, les avocats, les notaires,
» les parties, les témoins et tous les autres puissent voir comment, dans les procès ordinaires et extraordinaires, civils et
» criminels, et dans chaque point de chaque cause, il leur
» importe de se conduire pour s'acquitter exactement de leurs
» devoirs. »

On n'avait pas encore exécuté en ce genre un aussi vaste plan. C'est pourquoi il fut accueilli avec une faveur universelle et presque aussitôt traduit en espagnol et en allemand, plus tard en italien. Il fit une telle réputation à l'auteur qu'on ne le nomma plus que le *Speculator*, c'est-à-dire auteur du *Speculum* (5).

Quoique l'écrivant en Italie et en latin, Duranti témoigne qu'il y gardait le souvenir de son pays natal et de son idiome. On a remarqué qu'il y cite des proverbes populaires en se servant de la langue romane elle-même (6). Son livre dut en être d'autant mieux accueilli dans la Faculté de Droit de Toulouse.

(4) C'est-à-dire en cette année qui est une époque mémorable dans l'*Histoire de Languedoc*, par la réunion du comté à la couronne, et mémorable dans l'*Histoire de l'Université* par le commencement du professorat de Jacques de Revigny. Elle peut donc être signalée aussi comme mémorable dans l'*Histoire du Droit*, par la publication de ce livre. (V. ci-dessus, ch. I.)

(5) Savigny donne en quelques mots l'analyse de cet ouvrage , t. 4 , pag. 188-90. Elle est plus étendue, avec des extraits, dans l'*Histoire littéraire*, t. 20, p. 45-49.

(6) Exemples. Lorsqu'il recommande aux avocats d'être courtois et pleins d'égards les uns envers les autres , il leur dit qu'il se souvient d'avoir entendu des paysans mêmes de sa province ce proverbe : *Per gent parlar , bocca non ca.* — Ailleurs , après avoir dit qu'il est rare de n'avoir pas à se repentir de parler beaucoup, il ajoute : *Juxta provincialium vulgare proverbium : mais val calar que fol parlar.*

Environ une quinzaine d'années plus tard, suivant des calculs probables, Duranti publia le second ouvrage qu'il appelle lui-même un *Repertorium aureum* et un *Breviarium*, mais qu'on intitule plus communément *Repertorium juris canonici*. C'est, en réalité, un abrégé du Droit canonique d'après le Code pontifical de Grégoire IX (7).

On dit qu'avant d'écrire ces deux ouvrages et quand il était encore professeur ès-décrets à Modène, Duranti avait composé un *Commentaire sur le décret de Gratien*. Mais on ne voit nulle part que ce commentaire ait été publié. S'il a existé, il n'était sans doute que la reproduction partielle de ses leçons orales, rédigées par lui-même ou plutôt recueillies par quelques-uns de ses écoliers, suivant l'usage alors très-répandu. Il peut se faire aussi qu'il soit entré par fragments dans ses deux grands traités, le *Speculum* et le *Repertorium* (8).

La même chose a pu arriver pour la *Glose sur les décrétales de Nicolas III*, que son épitaphe lui attribue et dont il ne reste point d'autre vestige (9).

Au contraire, la Glose sur les décrétales rendues par Grégoire X au Concile de Lyon (10), autrement dit son Commentaire sur le très-saint Concile de Lyon, *In sacrosanctum lugdunense concilium commentarius*, nous a été conservé. Ce Commentaire offre un intérêt particulier en ce que Duranti est le rédacteur, sinon de toutes ces décrétales, au moins des principales. Qui pouvait mieux les interpréter que celui qui les

(7) Savigny croit que Duranti composa cet ouvrage pendant le temps qui s'est écoulé entre la première et la seconde édition du *Speculum*, laquelle eut lieu en 1294, et qu'il y travailla depuis l'année 1287, où, ayant cessé d'être le légat du Pape, chargé d'une partie de l'administration spirituelle et temporelle du patrimoine de Saint-Pierre, il résidait à Rome. (Savigny, *loc. cit.*, p. 190 et 189. — *Histoire littéraire*, *loc. cit.*, pag. 421. On y trouve aussi l'analyse et des extraits de cet ouvrage.)

(8) C'est ce qui est arrivé certainement pour un livre sur les *Devoirs du Légat*, qu'on trouve cité sous le titre de *Speculum legatorum* et qui est devenu un chapitre *de Legato* dans le Speculum judiciale.

(9) *Gregorii deni*, NICOLAI SCITA *perenni* GLOSSA *diffudit populis*.

(10) Ces décrétales ont été insérées plus tard, en 1299, par Boniface VIII, dans le Sexte ou sixième livre des Décrétales.

avait rédigées? Ces gloses ont dû paraître peu après le Concile, ou environ quatre ans après la publication du *Speculum judiciale* (11).

Ainsi les ouvrages de Duranti ont embrassé toute la science du Droit, non moins que ceux de Jacques de Revigny. Ils leur ont été jugés supérieurs en mérite, si l'on peut tirer cette conclusion du soin avec lequel ils ont été conservés, puis perpétués de siècle en siècle. Parce que les écrits restent, tandis que les paroles volent, l'influence de l'auteur dut être plus grande que celle du professeur. Mais, d'un autre côté, Jacques de Revigny innova par sa méthode, et la méthode est une force.

Outre ces ouvrages qui sont tous consacrés à la science du Droit et qui exercèrent une grande influence sur l'enseignement dans les Universités, Duranti en composa un autre, non moins célèbre, destiné à expliquer toutes les cérémonies et coutumes ou rites de l'Eglise, intitulé : *Rationale divinorum officiorum.* Il dit lui-même qu'il se proposait d'y éclairer autant qu'il le pourrait l'ignorance des prêtres qui ne savent pas plus que le vulgaire l'origine ni le sens des offices divins, et qui accomplissent à la lettre ces tristes mots du prophète : *Sicut populus, sic sacerdos.* « C'est, ajoute-t-il, pour qu'ils ne restent pas au-
» dessous des légistes qui étudient au moins le Droit, ni au-
» dessous des artisans eux-mêmes qui connaissent les instru-
» ments de leur métier que j'entreprends maintenant cet
» ouvrage, comme j'ai fait autrefois un *Miroir judiciaire* à
» l'usage des hommes du siècle. » En effet, il résuma dans ce Rationale tous les travaux antérienrs sur les offices divins, comme il avait fait dans le Speculum pour tous les travaux antérieurs sur la jurisprudence : et c'est sans doute ce rapport entre les deux ouvrages qui a fait quelquefois donner au second le titre de Miroir de l'Eglise, *Speculum Ecclesiæ*, qui reproduit le titre du premier, *Speculum juris*, Miroir du Droit (12).

Cet ouvrage doit être, étudié comme les précédents, par ceux

(11) Savigny , *loc. cit.*, p. 190 , *Hist. litt.*, *loc. cit* , p. 460.
(12) Voir l'analyse et des fragments dans l'*Histoire littéraire* , *loc. cit.*

qui veulent connaître et juger autant qu'on le peut Guillaume Duranti.

Enfin, on cite comme étant resté inédit un traité des fonctions épiscopales : *De Officio episcopi* ou *Liber ordinis pontificalis.* Mais il n'offre rien d'intéressant qui ne se trouve dans le *Rationale.* La bibliothèque de la ville de Toulouse en possède un manuscrit.

Arrivé à la fin de son long, très-savant et très-intéressant article sur Guillaume Duranti, inséré dans l'*Histoire littéraire*, M. Victor Leclerc dit :

« De quelque façon que l'on cherche à se rendre compte du merveilleux succès des ouvrages de cet auteur, il est incontestable, et il nous justifie assez de lui avoir accordé une si grande place dans l'histoire des lettres : car nous n'y trouvons pas beaucoup d'hommes qui aient exercé une influence aussi puissante et aussi durable que lui. »

Je dirai de même que l'on ne trouve pas beaucoup d'hommes dans la région toulousaine qui aient autant fait pour la science et l'enseignement du Droit. Cette considération doit me justifier aussi d'avoir parlé de lui avec ces détails.

Si Guillaume Duranti est resté pendant presque toute sa vie éloigné du Languedoc, il ne lui en appartint pas moins par sa famille, sa naissance, sa première éducation et sa jeunesse. Et s'il n'appartint pas matériellement à l'Université de Toulouse, il en fut moralement ou intellectuellement un des chefs dont elle a le plus longtemps respecté l'autorité et gardé le souvenir. La postérité, même très-éloignée, ne doit pas l'oublier.

Pendant que Guillaume Duranti vivait encore, Bérenger Fredoli (13), ou *de Frédol,* jouissait déjà d'une grande célébrité qui grandit successivement par les preuves de son savoir, par ses ouvrages sur le Droit, par sa collaboration à une grande œuvre de codification et par les hautes fonctions qu'il exerça.

(13) Berengarius Fredoli, c'est-à-dire Bérenger fils de Frédol, ou Bérenger de Frédol et Bérenger Frédol. Voir l'article qui lui est consacré dans l'*Histoire littéraire,* t. 20, p. 449.

Il naquit vers l'an 1240-45, près de Montpellier, au château de la Verune, dont son père, Pierre de Fredol, était seigneur : son oncle était évêque de Maguelonne.

Il fit sans doute ses études à l'Université de Montpellier, et put aller aussi entendre les leçons de quelques maîtres à Toulouse, où Jacques de Revigny professait avec tant d'éclat.

Il s'appliqua spécialement à l'étude du droit canonique et prit, nous ne savons dans quelle Université, le grade de docteur ès-décrets. C'est le titre qu'on lui donne dans un acte du 17 février 1280 (14).

A ce titre, il dut professer au moins pendant quelque temps à l'Université qui l'avait reçu docteur, et il s'y acquit une grande réputation : *Fuit inter doctores juris canonici clarissimos.*

Soit alors ou même avant, soit après, il fut chanoine et sous-chantre de l'église de Béziers, chanoine de Saint-Sauveur à Aix. Il fut aussi chanoine de Narbonne (15), archidiacre de la même église, abbé séculier de Saint-Aphrodise à Béziers. En 1294, il fut nommé évêque de cette ville, et le 18 octobre de cette année, sacré par le pape Célestin V, dont il était aussi le *clerc domestique.* Ce pape qui se reconnaissait ignorant du droit et des autres sciences lui avait peut-être donné cette fonction pour qu'il l'aidât de ses conseils.

L'année suivante, ou au plus tard en 1296, le pape Boniface VIII, successeur de Célestin V, lui témoigna la haute opinion qu'il avait de sa science, en le nommant le second des trois ou quatre commissaires qu'il chargea d'examiner les constitutions des papes publiées depuis Grégoire IX, de choisir

(14) Cet acte est celui par lequel le sénéchal de Beaucaire l'institua tuteur du fils de sa sœur Béatrix, veuve de Raymond Gaucelin, seigneur d'Usez en partie. (*Hist. de Lang.*, liv. 27, § 55.)

(15) C'est peut-être lui qui fut témoin de l'enquête faite en 1293 pour l'estimation des domaines que le roi voulait donner à l'évêque de Maguelonne, en échange de certains droits que ce prélat lui avait cédés. Cependant, si l'histoire nomme ce témoin de Fredol, *chanoine de Narbonne, professeur en lois,* elle lui donne le prénom de Raymond. Etait-ce donc lui ou un autre de sa famille ?

Un autre témoin dans cette enquête fut Guillaume de Nogaret, qualifié de *vénérable professeur en lois.* (*Hist. de Lang.*, liv. 28, § 30.)

entre elles celles qui paraîtraient les plus utiles à suivre dans les jugements et à enseigner dans les écoles, et d'en former un nouveau recueil qui fut le Sexte ou sixième livre des Décrétales (16).

Dans l'année même où ce recueil fut publié (en 1299), à la fin du mois d'octobre, il y eut à Béziers un concile où, entre les huit canons qu'on y fit, le cinquième et le huitième recommandent d'observer scrupuleusement les constitutions renfermées dans le Sexte. Il était bien naturel que celui qui avait contribué à faire la loi s'occupât aussi de la faire exécuter.

Clément V, élu pape en 1305, continua d'avoir l'évêque de Béziers en grande estime. Il en donna une preuve en le nommant le second des dix premiers cardinaux qu'il fit après son couronnement, le 15 décembre de cette même année.

Quatre ans plus tard, en 1309, il le nomma évêque de Tusculum et pénitencier de l'Eglise romaine. Il est vraisemblable qu'il s'aida de ces conseils dans la rédaction d'un septième livre de constitutions qu'il fit approuver par le concile de Vienne (sur le Rhône) en 1313, mais que la mort l'empêcha de publier (17).

Bérenger paraît avoir joué un grand rôle dans tous les événements qui suivirent la mort de ce pape, en 1314, et durèrent jusqu'à l'élection de Jean XXII, en 1316 (18). Il prit aussi parti dans le grand débat sur la propriété, soulevé et continué par les Frères mineurs et que Jean XXII voulut terminer par une bulle de l'année 1323.

Il mourut en cette même année à Avignon, où il avait fixé sa résidence ordinaire.

(16) Ce Recueil fut appelé le *sexte*, parce que celui de Grégoire IX était divisé en cinq livres, et que celui-ci devait être considéré comme le sixième des Décrétales. Toutefois il est divisé lui-même en cinq livres.

(17) Ce Recueil fut publié, en 1317, par le pape Jean XXII, et adressé par lui aux Universités pour y servir de règle dans l'enseignement. Il est désigné par le nom de Clémentins.

(18) Le roi de France, Philippe le Bel, lui écrivit plusieurs lettres à ce sujet, l'engageant à user de toute son autorité pour qu'on procédât sans trouble ni scandale à l'élection d'un pasteur, tel que le demandaient les besoins de l'Eglise et le pitoyable état de la Terre-Sainte. (Fleury, liv. 92, § 12.) Bérenger Fredoli fut même candidat à la papauté.

Bérenger Fredoli composa plusieurs ouvrages de Droit, dont voici les principaux :

1. Un *Inventaire du Miroir judiciaire*. Ce grand ouvrage de Duranti était reconnu très-utile pour les écoles et pour les tribunaux ; mais on le trouvait aussi d'un usage difficile à cause du nombre et de l'étendue des questions où l'on était exposé à se perdre comme dans un labyrinthe. C'est pour obvier à ce grave inconvénient que Bérenger en dressa une table des matières par ordre alphabétique, sous le titre d'*Inventarium*.

2. Un *Inventaire du Répertoire du droit canonique*. Cet autre ouvrage de Duranti présentait le même avantage et le même inconvénient auquel Bérenger voulut aussi obvier par cet autre *Inventarium*.

3. Un *Commentaire sur la somme de Droit du cardinal d'Ostie*.

4. Un *Traité sur les excommunications*. Le concile de Béziers, en 1299, s'occupa de cette question de discipline sur laquelle il fit son premier canon. Le traité de Bérenger put s'y rapporter (19).

Bérenger Fredoli, dans l'histoire littéraire du Droit, ne doit donc pas être séparé de Guillaume Duranti dont il continua l'œuvre en la rendant plus facile à tous, et en contribuant ainsi à la propager. Il appartint certainement au Languedoc par sa famille, sa naissance, son éducation et la plus grande partie de sa vie : il appartint peut-être à l'Université de Toulouse, non-seulement comme écolier, mais encore comme docteur ès-décrets. A tous ces titres, il mérite la place que nous lui donnons.

---

(19) Le premier et le troisième de ces ouvrages furent dédiés à Mandegot, l'archevêque d'Embrun, président de la commission chargée de rédiger le Sexte. Mandegot, de son côté, dédia à Bérenger son traité sur l'élection des papes. La communauté d'études et de travaux en avait fait deux amis.

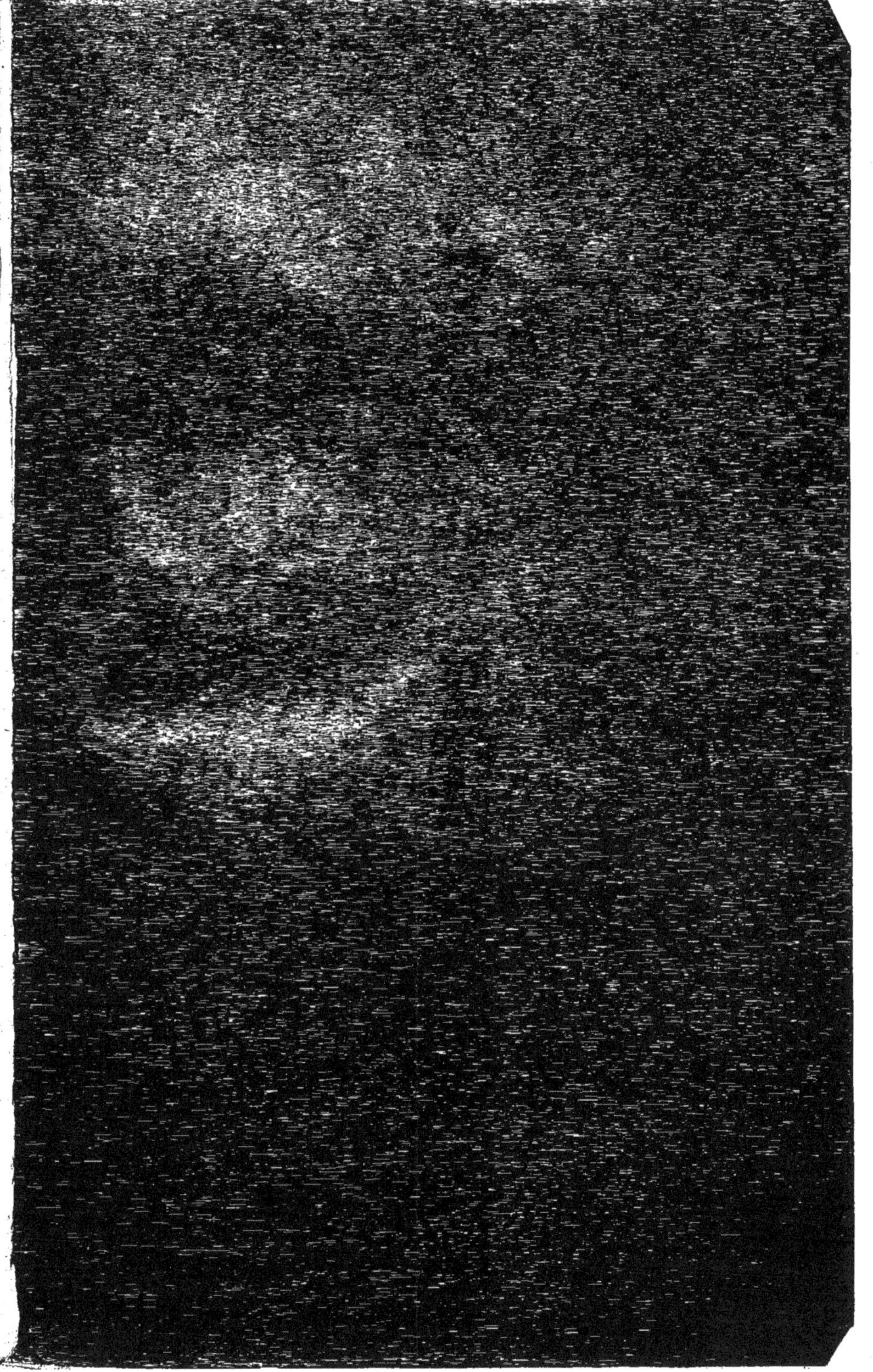

www.ingramcontent.com/pod-product-compliance
Ingram Content Group UK Ltd.
Pitfield, Milton Keynes, MK11 3LW, UK
UKHW020007100726
13658UKWH00002B/844